# 日本奇妙知識不思議

作者 梅用知世

## 超有梗好評推薦

集智慧、美麗、風趣幽默於一身的「梅用知世」出的這本好書能讓喜歡日本文化、經常前往日本旅遊的人們獲得許多在旅遊書和課本中看不到的超有梗知識。看過這本書讓大家更加了解日本，日後前往日本旅行時旅途也會更加有趣喔！

——卡瓦納／旅遊作家

就算來日本已經邁入第九年，看了這本書之後，還是發現有許多不知道的有趣知識呢！而且作者的粉專也提供了現在日本的各種有趣情報哦！例如，日本出美女的三大縣市，就有包含九州的福岡縣哦！真的非常精準地道出日本很多軼事呢。閱讀這本書一定會讓你更深入了解日本。

——Peikie／日本九州圈版主

太驚人啦！為了防止爆雷我不能寫得太詳細，這本書厲害的地方在於能夠不偏不倚地集結各式各樣類型的豆知識，讓我不由自主笑出聲來。對紮實的內容不禁發出欽佩的「欸～」以外，還想偷學一點當作自己YouTube裡的梗，一起拓展狂熱的梅用宇宙。

其中身為日本人特別有感觸的是日本小學生幾乎都有過的「咬麵包競走」還有「打嗝一百次就會死掉」的迷信。對日本人而言這些是理所當然的文化和至今都沒有想過理由的迷信，透過這本書重新感受到明明都是自己熟知的知識卻又好像是第一次聽聞般不可思議，讀著讀著就會讓人忘卻了時間。

相信就算是沒有接觸過日本文化的讀者也能夠充分享受書中的內容，也希望大家可以透過這本書認識日本新的一面。

——Dr.Tomato / YouTube「女生訂閱率0%頻道！Dr tomato*s Lab」版主

ビックリしました。

ネタバレ防止の為詳しくは書けないのですがまずこの本のすごいところは内容が偏っておらず、ありとあらゆるジャンルのうんちくが凝縮されており、思わず声をあげて笑ってしまう内容や、「へー」と感心させられる内容までしっかり詰まっており僕もYouTubeのネタにパクってしまいたくなる様なコアな世界が広がっています。特に個人的に刺さった内容は日本の小学生のほとんどが経験する「パン食い競走」や昔からある迷信「しゃっくりを100回すると死ぬ」でした。

僕らにとって当たり前の文化や今まで疑問に思わなかった迷信を改めてこのような形で再確認するとよく知っている事なのにまるで初見の様な不思議な感覚になり時間を忘れてどんどん読み進めてしまいました。日本の文化に触れた事が無い方でも十分楽しめる内容となっていますので是非みんなにも日本の新たな一面をこの本を通して体験して欲しいです。

# 作者序

這本書的誕生真的要感謝很多人，謝謝La Vie出版社、謝謝對我很容忍的編輯大大，以及粉絲團「就算知道了也對人生沒有幫助的日本小知識」的讀者們，沒有各位和我一起嘴砲，相信不會生出這麼多的靈感來完成這一本書。

從非常久以前就很喜愛日本這個國家，一年前往日本旅遊七八九十次，就算只有週末也硬要買廉航機票飛一趟彈丸旅行。觀光之餘，也會想著日本為什麼街上那麼多世界一周船旅的海報？為什麼同事的姓氏「我孫子」這麼獨特？日本的這裡和台灣的那裡很不一樣……諸如此類像是十萬個為什麼一樣不斷在腦海中蔓延。

實際開始讓我記錄這些「為什麼」是在二〇一六年前往日本打工度假時，非常要好的朋友天岡侑己先生邀我和一群朋友到鴨川河畔賞櫻花，他突然問我：「你有發現坐在鴨川看風景談情說愛的情侶們的距離都是等間隔嗎？」對耶！情侶們幾乎都是隔著差不多的距離，天岡先生說這是因為情侶們會製造一個給他人也給自己隱私的距離，這個距離有一個正式的名稱就叫做「鴨川等間隔法則」。

原來這種現象還有一個正式的名稱！我立刻在筆記本上面寫下「鴨川等間隔法則」並且開始記錄這些雖然蠻有趣，但是知道了又對人生好像沒有什麼幫助的豆知識。一旦尋找無用知識的開關被打開，就開始發現處處都是新奇有趣的新知：原來北海道冬天時雖然超級冷，但是道民幾乎不會用暖桌、原來曾經被琉球人指著大笑的武士月代頭其實別有用意、日本家庭料理馬鈴薯燉肉的由來原來是做失敗的料理……

當我的筆記本又記錄了很多就算知道了也對人生沒有幫助的小知識後，我在二〇一八年開設了粉絲專頁，想著這些知識不可以只有我看到，必須要佔據一下大家的腦容量才行，於是時至今日，這些無論對人生有用或是沒有用的小知識變成了書籍，希望可以讓曾經對日本的某些地方抱持疑問的你找到答案，也希望可以透過這本書讓原本就喜歡日本的你，覺得日本更加的有趣及不可思議。

# 奇妙知識 不思議



## CHAPTER 1 生活篇

## CHAPTER 2 食物篇

# 日本奇妙知識

# 不思議

# CHAPTER 1

## 生活篇

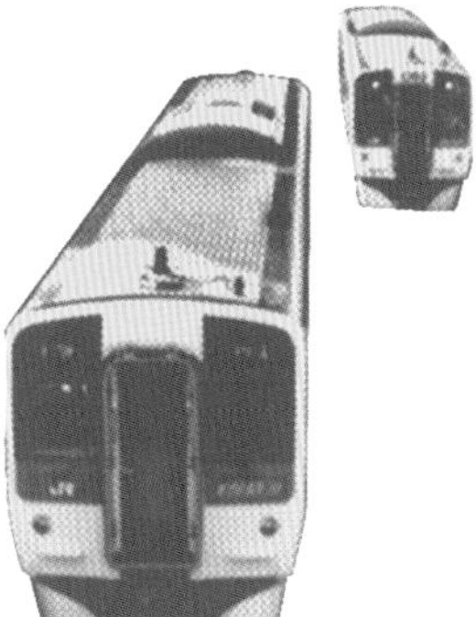

01

# 為什麼日本隨處可見環遊世界一周的船旅海報？

在日本較熱鬧的大城市隨處可見世界一周船旅的海報。貼海報的過程雖然花費很長的時間，但是過程中和店家的交流也能化作經驗。據說交涉貼海報成功的機率是六分之一。（來源：天岡侑己攝）

在日本時，無論是去居酒屋、休閒一點的餐廳或是可以張貼公告的牆上，是否有發現「世界一周の船旅」這張海報時常映入眼簾呢？尤其是居酒屋的廁所內總是不會少，出現頻率異常的高，相信你也曾經想過「搭上這個真的不會有問題嗎？」

「世界一周的船旅」是由日本的Peace Boat（非營利NGO）所舉辦，以三個月造訪地球二十多個國家的活動。主要目的不是旅行，而是透過在船上舉辦各式的演講或是各國的語言教室等等進行國際交流為主軸的活動。當然船上也有酒吧、泳池、遊戲間等等可以自由選擇參加，也有醫師、護理師全程駐船。

至於為何到處都看得到這張海報呢？其實是只要應徵者貼三張海報在不同的地方就可以折抵旅費一千日圓！如果以海報上的九十九萬日圓（船交通費、船上三餐費）的金額來計算，只要貼大約三千張海報就可以抵掉旅費，吸引了不少想要減免旅費的挑戰者四處尋找可以張貼海報的店家或是牆面，導致這張海報在日本各地隨處可見，光是東京都就貼了兩萬五千張以上的海報！

不過為了不讓店家多次被打擾，Peace Boat會將想要貼海報的自願者依區域分組，依照自己的區域前往店家貼海報後，寫在Peace Boat發的卡片上，並附上店家的章或簽名（沒有的話也可以自己簽）以及張貼枚數，之後統整給Peace Boat的員工統計即可算數。

貼滿三千張海報費用可近乎全免的這項挑戰貌似艱鉅，但竟然還有不少人達成，如果能把海報貼好貼滿減免旅費，相信張貼海報的過程勢必能成為船旅中的一大話題吧！

# 02

# 東西日本大不同，連錢湯中的黃色水盆尺寸也不一樣！

黃色ケロリン桶是錢湯的代表物之一，也時常在各種以錢湯為題的日劇和電影中出現。（來源：PAKUTASO）

日本人很喜歡到錢湯（澡堂、浴場）洗澡，甚至還將十月十日訂為錢湯日。錢湯日的日子來自一九六四年十月十日東京奧林匹克開幕日，以揮灑汗水後入浴可以促進健康為由。另外「十」的日文唸法音似「せん」或是「とう」（加起來變成せんとう，即指錢湯），為了讓民眾更常使用錢湯，便訂定此日為錢湯日。

相信就算沒去泡過錢湯的朋友，也從日劇等節目中對浴池上方的富士山壁畫、泡完湯後要來一瓶咖啡牛奶、錢湯中常見的黃色塑膠盆有些印象吧？

在稍微懷舊一點的浴場裡，寫著紅色「ケロリ

錢湯除了可以洗滌身心，也是左鄰右舍用來話家常的社交場所。（來源：photoAC）

溫泉標誌的三條線據說有著要泡三次的意思。第一次是剛抵達旅館，先泡五分鐘左右可暖和身體；第二次是飯後睡前之間的時間，可以泡八分鐘慢慢享受溫泉；第三次則是隔天一早起床後快速的泡三分鐘可以神清氣爽。（來源：photoAC）

ン」的黃色塑膠盆已經是錢湯定番，在二〇一二年的電影裡，阿部寬還把這個水盆帶回羅馬浴場呢！黃色塑膠盆上面的字「ケロリン」其實是藥廠內外藥品的止痛藥名稱，在一九六三年為了廣告宣傳而印刷在水盆上，放在各大公共浴場中增進曝光度。最一開始塑膠盆是白色的，但用久了容易有痕跡顯舊，因此全面改成黃色。也因為非常耐用，又有「永久桶」的稱呼。

在飲食、習慣都大大不同的東日本和西日本，連黃色塑膠盆ケロリン的尺寸也不一樣！

東日本：直徑225mm ×高115mm，360g

西日本：直徑210mm ×高100mm，260g

據說是因為關西人喜歡用桶子撈水淋在身上，如果做得太大的話會太重不好拿，所以特別設計比東日本還要小一點點。其實不只是黃色塑膠盆的大

錢湯裡的富士山。（來源：photoAC）

小在東、西日本有差異，錢湯裡常見的富士山壁畫也有東西之別！錢湯畫的由來是一九一二年在東京千代田區經營錢湯的老闆為了讓小孩可以更享受錢湯，便請了畫家川越廣四郎在錢湯牆壁上作畫，結果川越廣四郎繪製的富士山大受歡迎，不只小朋友，也吸引了不少大人的目光，周遭愈來愈多錢湯開始爭相模仿，在牆上畫富士山。

關東一帶因為川越廣四郎而開始流行起富士山錢湯畫，但是關西的錢湯則比較多是磁磚拼貼畫，也因為這樣，關西人反而比較少「說到錢湯就是富士山」的聯想。

# 03

# 日本的學校很喜歡養兔子？

十六世紀荷蘭人帶入飼養兔子的風潮後，許多浮世繪中都出現了兔子的身影。〈南天に雪兎図〉．長澤蘆雪（來源：東京富士美術館）

常看日劇或是動漫的讀者們，應該都有看過學生們打掃兔籠的畫面吧！其實無論是日本還是台灣，都會讓學生飼育動物或植物來觀察生物的成長與變化，透過具體的行動進而體悟生命的重要性。在日本負責統籌教育、科學、學術等事務的文部科學省「小學學習指導要領」之中，也有將動植物的培育做為學習項目。

不過比起烏龜、公雞、天竺鼠等動物，大多數的學校會選擇兔子當作在校飼育的動物，主要是因為兔子不會吵鬧、不會咬人、白天很少活動，總體而言照顧起來安全又方便。

十六世紀的荷蘭人將養兔子風潮帶進日本，當時的浮世繪甚至也出現很多有關兔子的作品，讓江戶、大坂等都市興起了養兔子潮流。到了甲午戰爭、日俄戰爭等戰事頻發時期，兔子的皮毛也被運用在軍人的大衣、帽子，肉則是變成罐頭做為軍糧使用。當時政府大力推廣各地方的小學和農家飼育兔子當作軍用兔，一九四〇年代兔子的飼育數量高達一百二十萬隻！

近年來因為在校飼育的兔子環境不佳、外來動物入侵傷害兔子的比例愈來愈高，也愈來愈多人提倡解放校園兔子的活動，讓校園兔回到更適當的生存環境也是一種重視生命的教育方式。

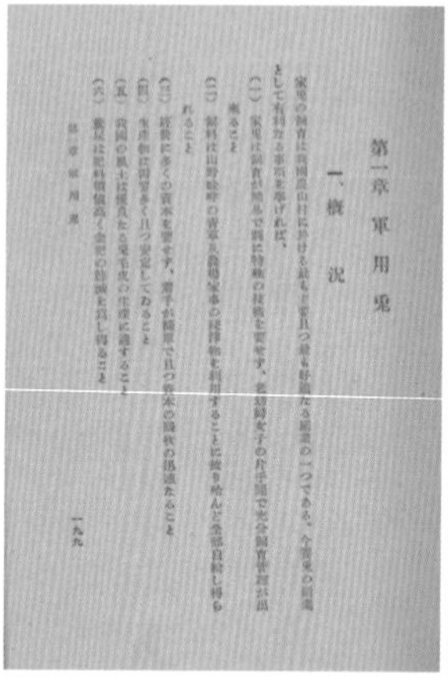
第一章 軍用兎

一、概況

農林省副業課編有關軍用兔的飼育方法和用途。因戰爭因素，政府鼓勵學校及農家協助飼養軍用兔，也有人說這也是現在日本很多學校傳承養兔子的緣由之一。（來源：國立國會圖書館）

# 04

# 日本小偷的形象跟明治時代的熱賣商品有什麼關係？

日本小偷的形象。（來源：illustAC）

提到日本的小偷，就會想到用布將頭包住、並在鼻子下面打一個結，身後揹著綠色唐草花紋風呂敷[1]，裡面裝著滿滿的戰利品，躡手躡腳消失於暗夜之中的形象吧！也因此每每在插畫中看到唐草花紋，就會忍不住聯想到小偷。

小偷和唐草花紋風呂敷劃上等號的由來要從明治時代說起。以前的日本人會使用大型的風呂敷來收納物品或是當作包包帶著走，不過當時幾乎都是用顏色比較樸素且花紋較少的風呂敷。唐草花紋是從絲路傳進中國，又在奈良時代（710-794）從中國傳入日本。藤蔓植物象徵著旺盛的生

唐草花紋的風呂敷幾乎人每戶必備，小偷去偷東西時也幾乎都會偷到。（來源：photoAC）

命力，向四處蔓延的花紋也有長壽和子孫滿堂的吉利意味，在明治三十年左右（1897）唐草花紋被做成了風呂敷，成為超級人氣商品，甚至還被託付結婚時包覆新娘嫁妝的重大任務。

到了昭和四十年（1965），大型的唐草花紋風呂敷生產量竟然高達每年一百五十萬條！有了一條唐草花紋風呂敷就好像站在流行的尖端一樣，是家家戶戶的必備單品，走在路上拎著唐草花紋風呂敷，整個人都時尚了起來。

當時一般人家裡的抽屜式櫥櫃通常第一層會放比較貴重的物品，最下層會放較常使用的物品，為了可以隨時拿取唐草花紋風呂敷，通常都會將其放在最下層。

小偷為了可以偷取更多的東西，身上幾乎不會帶其他裝備，偷偷潛入某人的家後，都會先開最下層的櫥櫃，看到風呂敷可以拿來包等等要偷的東西，就會先把它拿出來。抽屜式櫥櫃開了下層後，不用關上也可以一直再開更上一層，方便取物。若是先開最上層的抽屜，偷完東西後還必須先關上再開第二層才看的到裡面的物品，對於隨時都要擔心會被發現的小偷來說是最花時間的手法。

於是小偷偷到的風呂敷有很大的機率是當時最熱賣的唐草花紋，也因此許多目擊證人都會指出小偷身上揹著唐草花紋風呂敷的特徵，唐草花紋風呂敷也就不知不覺地成為小偷的經典形象了。

---

1：唐草（からくさ）雖然是因為從中國傳入故用「唐」命名此花紋，但是最早的起源據說是在古埃及、古希臘、美索不達米亞等地。而「風呂」指日式澡堂，也有泡湯之意，「敷」則有鋪、墊之意。室町時代末期的大名洗澡時，會用一張四方形的大布將脫下的衣物包起來，洗完澡後再用大布擦乾身體，因此叫做風呂敷。

# 05

# 可以買昆蟲、玩吃角子老虎……無奇不有的日本自動販賣機！

日本是世界有名的自動販賣機大國，而且販售的商品無奇不有，除了最常見的各種飲品外，還有專門販賣香菸、生菜、關東煮、腳踏車、活牡蠣、烏龍麵、食用昆蟲甚至是內衣褲等琳瑯滿目的商品。

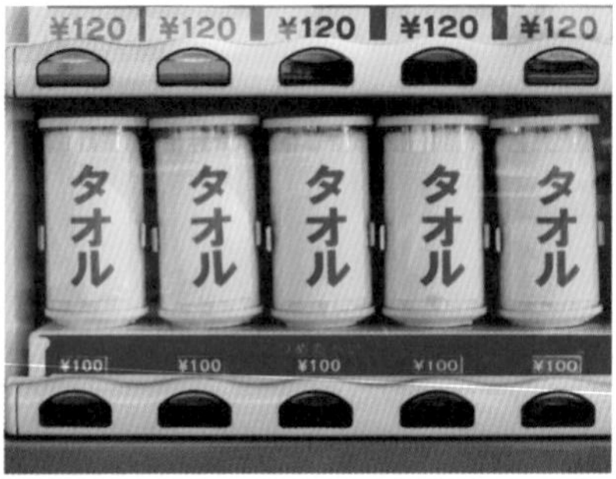


日本的販賣機什麼都賣什麼都不奇怪，天氣熱的時候來自動販賣機買條冰涼的毛巾吧。（來源：photoAC）

二〇二一年夏天，在日本有多家分店的夜晚百匯專門店（夜パフェ専門店）甚至推出了讓晚歸的人也可以隨時吃到甜點的「奶油蛋糕罐」（ショートケーキ缶），將奶油蛋糕與水果的切面完美呈現在易開罐內，於北海道的分店門口提供自動販賣機二十四小時販售的服務，就算半夜突然想吃美味的甜食，也可以利用自動販賣機購買生活中的小確幸。

根據日本自動販賣系統機械工業會（日本自動販売システム機械工業会）於二〇二〇年末

的統計，日本國內自動販賣機數量高達兩百七十四萬七千七百台，可見自動販賣機的存在非常密集，在市區幾乎每一個街角都可以看到。

除了商品外，Dydo這家公司則是設置購買飲料後可以參加一次性吃角子老虎自動販賣機的先驅。投幣購買後，顯示金額的螢幕會出現三至四碼數字，當數字為「777」或「7777」時即表示中獎，三十秒內可以再次選擇飲料一瓶！

烏龍麵、蕎麥麵也可以在自動販賣機中買到（來源：photoAC）

吃角子老虎自動販賣機可以促進買氣，因此其他家公司也紛紛跟進，愈來愈多台自動販賣機也出現吃角子老虎的設計。不過一定也會有人好奇，這會不會只是噱頭，其實根本就不會中獎呢？自動販賣機的中獎率其實是依據擺放的商家自由設定的。依照日本關於贈品的法規（景品表示法），贈品的價值必須是預定利益的百分之二以內，假設這台販賣機的飲料金額都相同時，賣出一千瓶就會有二十瓶中獎，雖然機率非常的低，但也不是完全沒有機會喔！

在非常注重災害防治的日本，多數自動販賣機也同時是「災害對應型自動販賣機」。平常是一般的自動販賣機，當發生災難時，管理者可以切換成災害對應模式，這些販賣機內的東西便可以免費讓災民領取。例如三一一大地震時，多數的販賣機都有免費提供飲料、食物給需要的民眾，是十分人性化及貼心的設計。

隨著時代的變遷，自動販賣機也愈來愈進步，對於總是站在自動販賣機前面躊躇不決的買家，推出了掃描顧客的臉來判斷年紀與性別，進而推薦配合當日天氣、符合這個年齡層及性別喜愛的飲品。目前也推出在手機應用程式上先行購買飲料，抵達自動販賣機時掃描取貨的功能。也可以將飲品透過手機應用程式傳送給朋友，就算不在對方身邊，也能在炎熱的天氣為對方送上沁涼的飲品、寒冷時遞上溫暖的熱茶。自動販賣機有趣的功能不再只有吃角子老虎而已，還有傳達心意的重要功能呢！

06

# 你知道日本現場放送節目上的字幕是怎麼來的嗎？

你有發現在日本收看電視節目時，除了預先錄製好的節目有些有字幕以外，現場的新聞或是直播節目，也可以看得到即時字幕，這些即時字幕是怎麼產生的呢？

即時字幕的服務一開始是由NHK放送技術研究所為了讓聽障者以及高齡者也能準確的接受到訊息所研究開發出來的技術，並於二〇〇〇年三月二十七日，率先由部分NHK節目開始實施。至今許多民間放送甚至是網路電視都有即時字幕的功能，帶給視聽者更方便的體驗。

即時字幕的原理主要為兩大類，一為現場人為速打：複數的現場技術人員邊聽邊看直播，一面用專用鍵盤將文字輸入。技術人員分工合作，有些人負責將聽到的訊息打成文字，有些人協助更換成漢字或修正錯字，並透過相同的頻道電波送到螢幕上，要做到和聲音近乎同步的即時字幕需要團隊間絕佳默契與專注度。

第二種為AI聲音辨識技術，就算以現在的科技而言，要完美百分之百轉換成正確的語意和漢字也是相當不容易的技術。因此此項技術主要會使用在有特定語調和較多專有名詞、常用單字的新聞播報上，目前日本的電視台還是不斷的改良和更新聲音辨識的資料庫，以提升字幕的準確性。

無論是哪一種方法，為了減少字句的誤差以及影像、字幕的時間差，部份節目也會在錄影或錄製節目前將主持人與來賓預計要對談的對話或評論先打成字幕，再依現場的狀況進行修正，所以才有就算是直播節目也能即時看到的字幕。

不過你知道嗎？日本為了保持影像畫面的完整性，多數節目不會主動上字幕，日本人其實也沒有像台灣一樣看電視、電影配字幕的習慣，因此日本的外語片也幾乎都是用配音，而非翻譯字幕的方式呈現。至今也是要透過遙控器按下「字幕」按鈕，才會有字幕的功能產生。電視遙控器上的一顆小小的字幕鈕，其實是由眾多專家的努力和科技的進步所組成的！

日本的遙控器，除了上述的「字幕」功能造福許多視聽者以外，其實還有相當多功能，例如「d-deta」鍵，在觀看節目的同時，也可以獲取天氣預報、交通情報等即時資訊，不用特別切換天氣預報台。也有很多節目會運用「d-deta」鍵來提供跟節目有關的情報，例如介紹美食時，按下「d-deta」鍵也會出現食譜；看日劇時，一時忘記劇中的人物關係時，「d-deta」鍵也會顯示登場人物的相關關係圖甚至是製作花絮；運動節目時，選手的戰績也會一同顯示出來。對視聽者來說是相當方便的按鈕。

同時，日本的電視節目也愈來愈講求和觀眾的雙向互動，除了紅白歌合戰（見本章第十篇）可以用遙控器投票外，電視機前的觀眾也可以一同參加猜謎節目，有些兒童節目也會有可以讓兒童參與的遊戲，這時候就要使用遙控器上面的青、赤、黃、綠四色鍵。

遊戲節目會在螢幕上提示哪個選項是什麼顏色，只要按下相對應的顏色就可以送出自己的答案，如果答對了就會累積點數，累積達到一定的點數依電視台的規定不同，有些可以參加抽獎活動。這樣子的互動不但有趣，更可以促進收視率。下次前往日本時，不妨按按看日本電視的遙控器，看看有沒有更新的花樣吧！

07

# 日本人婚禮習俗大不同，父母及家屬竟然不是坐最前方？

日本的結婚大致上可以分成神前式、佛前式、教堂式以及人前式，差別就如同字面上所言，是在神、佛還是人的面前或是在教堂裡舉辦婚禮儀式。婚禮儀式之後就會招待親朋好友們參加婚宴（日文稱披露宴），一起祝福新人邁入人生的新旅程。

在台灣的婚宴中，座位安排是父母親戚盡量排前排，尤其是父母一定坐主桌，讓父母長輩們離新人愈近愈表示尊重。但在日本，親戚、父母是被安排在最後面、最角落的位置，也就是離新郎、新娘最遠的位置。這是因為傳統日本人很重視「以客為尊」的觀念。自家的兒女結婚，請來的上司、朋友、不熟的遠親都是「客人」，客人就必須要在最接近新郎新娘、最好的位置，這個位置就是婚宴的「上座」。

無論是餐廳、飛機、電梯、新幹線、計程車、自家車等等，日本人對於身份地位與座位的相對關係都有很高的要求，上位者的位置稱作上座，反之則為下座。上座文化在婚禮中也是一種既定的禮俗。

父母、家人身為宴會的「主人」，自然要坐在「下座」。新郎新娘則是會坐在面向所有賓客的第一排。當然根據地方傳統以及現在「感謝家人」的新觀念，也有人會不照著上座順序編排座位。例如沖繩的婚宴座位就接近於台灣的模式，會把父母安排在最接近新人的主桌，是一種有別於傳統上座文化的披露宴。

關於禮金也有和台灣不同的地方，賓客向新人們贈與祝福的禮金是屬於祝儀制，禮金袋也會依和新人感情好的程度愈高級花俏。通常祝儀制披露宴的氣氛較為正式，食物也多為套餐組合，對於服裝儀容也較為要求。

另一種是會費制，由主婚人或新人決定好預算後，計算出參與賓客所需負擔的費用。賓客到場時不需額外包禮金，因此依據場合，有些甚至也不需要使用禮金袋，僅需繳交指定的會費即可。

會費制在北海道較為流行，但近年的新人常因預算、傳統婚禮禮數繁多等原因，決定舉辦較為休閒又不失莊重的會費制。會費制也因地點、飲食的選擇性較彈性，通常會費約一萬日圓上下，相比祝儀制的基本行情三萬日圓，對賓客來說金錢負擔比較沒那麼大，也不需要特別使用新鈔來支付。雖然會費制目前慢慢開始流傳到日本各個地方，但正式的祝儀制目前還是主流。

另外補充一個跟結婚有關的小知識：穿上代表純淨的白無垢舉行神前式婚禮是日本美麗的文化之一，不過神前式婚禮其實並不是自古以來的傳統習俗，而是從明治時代（1868-1921）才開始廣為流行。

一九〇〇年，當時的皇太子（大正天皇）在日比谷大神宮（現為求姻緣有名的東京大神宮）舉行結婚儀式，後來日比谷大神宮將儀式稍作簡化，並推廣神前結婚式，才讓神前式在日本國民間普及。

08

# 日本人包禮金時，奇數才是吉利的

對台灣人來說包禮金時講求偶數，尤其包含「六」和「八」更是有「福氣」、「發財」等正向的語意。但是你知道在日本，奇數才是吉利的數字嗎？

日本古代盛行的陰陽道，起源於中國的陰陽五行說和自然哲學思想，日本將其發展成咒術及占卜術等系統。陰陽道的思想認為奇數為陽，偶數為陰，自古以來便有喜事用奇數、喪事用偶數的說法。

日本人喜好奇數可以從很多傳統儀式或文化中一探究竟。例如神前式婚禮，新人會舉行「三三九度」的儀式，以三個大小不同的酒杯輪流喝三巡，代表夫妻結下契約，並讓神明替兩人祈福消災；日本的一月七日（人日）、三月三日（上巳）、五月五日（端午）、七月七日（七夕）、九月九日（重陽）都是來自於中國，也已深入日本傳統的節慶；三歲（男孩及女孩）、五歲（男孩）、七歲（女孩）穿著正裝前往神社參拜感謝神祇的保佑；櫻桃小丸子的爺爺常在心裡唱的俳句也是遵照「七、五、七」的字數規律。

除了陰陽道的說法，也因為偶數可以被分割，但奇數不會，所以在喜慶上會使用無法分割的奇數表示祝福，有著讓喜事不會分裂的寓意在。

日本人的婚禮禮金也會遵從一三五七的奇數，通常基本行情是三萬日圓起。但是現代日本人也面臨著薪水和民生消費不成比例的問題，不僅僅是薪資縮水、紅包也會跟著一起縮水，因此也有人會包一張一萬日圓、兩張五千日圓，總共三張紙鈔來表示奇數。

在奇數與偶數的使用上與台灣大不相同的日本，其實跟台灣一樣有偏愛的數字和不討喜的數字。例如台灣和日本都一樣認為數字四有「死」的諧音，因此會特別避諱；數字九則因為音似日文的「苦」（く），也不是一個吉利的數字。數字八雖然是偶數，但是他的漢字形象有向外延伸之意，有著前途開闊光明的好寓意，反而是個討喜的數字。

那麼日本有沒有像台灣一樣，有著不能送「鐘」和「傘」的禁忌送禮物品呢？有的，例如代表切斷緣分的刀刃類物品、喪事後回贈給親友的日本茶等等其實都是比較傳統的日本人會有所聯想的物品。不過在現代，不管是哪個國家的習俗其實都不用過於緊張，包含著心意的禮品和禮金，相信對方都能感受到。

註：一月七日人日節：古代的人會在一月七日占卜一整年的吉凶，從平安時代開始便有著要在這一天喝七草粥的習俗，一直到江戶時代才在庶民間流傳，變成國定的節慶。

三月三日上巳節：也稱作女兒節、桃花節。這一天會擺出女兒節雛形人偶，最早是用紙或是草製成的簡單人形，據傳可以將穢氣轉移至人形上，並流放到河川或海裡袪除災厄。

五月五日端午節：這一天是屬於男孩的節日，會掛上鯉魚旗、擺出武士人偶，以祈求家中的孩子可以「鯉躍龍門」。同時也會泡可以去除疾病災難的菖蒲浴。

九月九日重陽節：古代日本人認為菊花有延年益壽的功效，因此會選在這一天泡菊花浴、喝菊花酒，因此這一天也有菊花節之稱。

# 09

# 你知道夏日沙灘打西瓜也有專門的裁判嗎？

無論男女老少都可以盡情享受和親朋好友在炎炎夏日裡吃冰涼西瓜的樂趣，打西瓜充滿了日本人的夏日情懷。（來源 :photoAC）

說到夏天，就會想到海邊，說到海邊就不能不提起日本的國民夏日遊戲——打西瓜大賽。乍看之下這個遊戲好像只是矇眼睛、拿著竹棒聽從別人的指令打西瓜而已，但其實日本打西瓜大賽推進協會（日本すいか割り推進協会）有制定正式的比賽規則，甚至要當上打西瓜的裁判還要考試！

**・場地：**

沙灘或是草地

西瓜與打者需距離五公尺以上七公尺以內

·道具：

①直徑五公分內、長一百二十公分內的棒子

②用來遮著眼睛的毛巾

③日本國產西瓜數顆

·人數：

①打西瓜者一名+支援組數名為一組（支援組人數無限制）

②裁判一名，除了須具備超愛西瓜的條件外，也必須公平公正、有道德心又身體健康。

裁判必須答對以下問題三題以上才具備資格：

**第一題：西瓜最甜的部分在哪？**

答：正中間

**第二題：西瓜的含水量是幾%？**

答：85%～91%之間都算正確答案

**第三題：如何分辨好吃的西瓜？**

答：仔細看西瓜的紋路、並用手輕敲西瓜，聽到輕微的沈悶聲音便是好西瓜。

**第四題：西瓜的種子大概有幾顆？**

答：四百至五百粒之間都算正確答案

**第五題：西瓜的原產地在哪邊？**

答：南非、或是喀拉哈里沙漠周邊的莽原

**・比賽開始：**

①裁判需先確認好打者和西瓜的距離

②確認打者的眼睛是否矇上

③讓打者拿著棒子轉圈圈，轉圈方向為向右轉五又三分之二圈

**・比賽中：**

①打者有一分三十秒的時間打西瓜，裁判必須在比賽結束前三十秒及十秒時報時。

②支援組在提供意見給打者時，不得說與比賽無關的話語；不得中傷打者（語言或動作皆是）；不得站在西瓜後方說「跟著我的聲音」。

③打者打到西瓜判定成績後換對手上場。

**・勝負判定：**

①共有三次揮棒機會

②分數：

揮棒落空：零分

打到西瓜：一分

打裂西瓜：二至四分（看裂開程度）

裂到紅肉看得到：五至十分

**・結束：**

勝者可以先享用西瓜，敗者只能吃剩下的。但無論勝敗最後都必須將場地收拾乾淨。

---

在炎熱的海邊打西瓜後，與好朋友們一起吃冰冰涼涼的西瓜真的很棒呢！

雖然說好朋友們之間不用這麼嚴格的遵守遊戲規則，但哪一天打西瓜時，你可以站出來大聲說：我是具備打西瓜資格的裁判！大家都會向你投以敬佩的眼光也說不定喔！

# 10
# 你知道紅白歌合戰的現場觀眾評分是由野鳥研究部來計算的嗎？

在除夕夜與家人一起收看NHK紅白歌合戰，一起倒數跨年，是大多數日本人的跨年風景。紅白歌合戰是將男生分在白組、女生分在紅組[1]，兩隊輪流表演曲目後，最後由評審及觀眾評分，分出勝負的音樂特別節目。

紅白歌合戰自一九五一年一月三日開始播放以來從來沒有延期或者停播過，有著七十年歷史的紅白，對日本人而言是除夕夜的代表物之一。

有趣的是其實前三回的播放時間與現在大家熟悉的除夕夜不同，反而是在以新年節目為主的一月播出。但為了改變節目時間，在一九五三年同一年卻播出了兩次，一次是一九五三年的一月二日，另外一次是一九五三年的十二月三十一日，也就是從這個時候開始，紅白歌合戰都是在十二月三十一日除夕夜播出。因此，紅白歌合戰被視為一年結束的標誌。

紅白歌合戰的評分方式分為現場評審、現場觀眾評審以及場外觀眾評審。場外觀眾評審的評分方式是使用手機或是電視遙控器進行投票。但當你在暖桌前邊吃橘子邊看紅白時，心中一定會浮現這個疑問：現場觀眾人山人海，到底要如何計分呢？

現場觀眾入場時，會領取一面為紅另一面為白的扇子。計分時，觀眾舉起的扇子顏色是紅色，就是紅隊的分數，反之亦然。但在人數眾多的觀眾席上，要一面一面計算是相當困難的事情，NHK便在一九八五年請來日本野鳥協會協助計算分數。透過日本野鳥協會平時觀察野生鳥類的觀察力和敏銳度，可以輕鬆的算出紅色和白色的數量。

日本野鳥協會雖然以紅白觀察員之名出名，但其實做為觀察員的時間只有一九八五年至一九九二年的六年期間，後來便交由麻布大學野鳥研究部接任。雖然以現代的科技之進步，一定可以做到數位化計算現場觀眾的投票數量，在二〇〇二年時曾一度採用電腦計分，但後來仍在二〇一三年交由麻布大學野鳥研究部繼續進行肉眼觀察，以維持紅白歌合戰的計分傳統。

因此在現場或是電視機鏡頭前，如果看到舞台旁邊有著一群帶著望遠鏡一臉正經觀察客席的工作人員，請不要懷疑，他們就是紅白歌合戰的名物之一，麻布大學野鳥研究部！

1：樂團等複數人出席時則以主唱的性別決定組別。

# 11 傳說中的NHK收費員來敲門時真的得乖乖付費嗎？

NHK收費員的敲門傳說早已在打工度假或是留學生，甚至是日本人自己的生活中廣為流傳，但是這並不只是一個聽到收費員敲門聲就會嚇得皮皮挫的傳說而已，而是真實發生在每一戶人家門口的經歷！難道遇到了NHK收費員就一定得乖乖簽約付錢不可嗎？

NHK全名是日本放送協會，台灣人也不陌生的大河劇、紅白歌合戰都是來自於NHK。而NHK成立的目的是「基於公共福祉，為日本全國民眾提供內容豐富且優質的節目」，為了要公平公正非營利，當然就沒有營利目的的廣告，取代這些廣告收入的來源就是繳交NHK收視費的民眾。

根據日本放送法第六十四條規定，只要家中置有可以收到NHK放送內容的設備，就必須繳交收視費。簡單的說只要家裡有電視，無論有沒有看NHK都要繳一年一萬日圓至兩萬四千日圓之間的收視費用（依照訊號接收方式不同收費）。如果簽了約不繳費，NHK完全可以提告。

雖然繳交收視費支持NHK維持良好優質的節目也很重要，但是一直以來NHK收費員的強

位於澀谷區的 NHK 放送中心（來源：photoAC）

制收費手法和取消合約不易也在日本居民之中造成了反彈。日本還有一群學生製作出可以擋掉NHK訊號的電視，希望透過這個方法阻擋NHK收費員的糾纏。甚至還有一個名為「N國黨」的黨派主打「從NHK手中保衛國民」，發放免費的「不受NHK侵擾」貼紙，讓民眾貼在門上，當NHK收費員出沒時，可以撥打貼紙上的電話，他們會幫你擊退NHK收費員，據說是許多短期前往日本的外國人的救星呢！

今年（二〇二一年）雖然有推行放送法改正案，希望可以藉此減少收視費用，但至今（五月底）還是無法通過，目前正積極的準備再提出修正案，未來NHK收費的走向是否會因此而改變呢？

12

# 雖然沒有硬性規定但為什麼日本小學生都像說好了似的背著箱型書包呢？

黃色通學帽和箱型書包幾乎是日本小學生的標準配備。（來源：photoAC）

日本小學生常背的箱型書包，在許多知名的卡通動畫裡都有出現過。無論是櫻桃小丸子背著的紅色書包、還是野比大雄的深色書包，相信大家現在腦海裡都浮現出箱型書包的形象了吧！

要說為什麼總是會看到日本的小學生背著一樣的箱型書包，其實法律或是公立學校校規都沒有硬性規定一定要使用箱型書包，但縱使一個箱型書包要價不菲，普遍購入價格大約是三至七萬日圓，但是他的優點還是讓許多家族願意購入：例如比起布製的包包，皮革製的箱型書包可以防水，妥善保護包包內的課本。而箱型書包的形狀及厚度，可以讓小朋友往後跌倒時吸收部分的衝擊達到保護的效果。還有比起單肩包包，雙肩的書包可以平均分散重量，不讓身體和脊椎造成不平衡等負擔。此外，還有內部空間大，可以放入不同尺寸的教科書，硬挺的外觀也不怕損壞書本等諸多好處。

箱型書包的日文是ランドセル（ransel），取自荷蘭（オランダ）來的後背包之意。江戶時代，幕府將西洋的軍隊制度導入日本，也一同導入了軍人收納軍用裝備的背包。一八八〇年左右制定了就學的義務，推廣教育之地人人平等。平時使用馬車、人力車到校上課的貴族們，也變得必須要自己背著書本上學，據說是這個時期才開始流行使用書包。

一八八七年，明治維新元老的日本近代政治家伊藤博文為了祝賀皇太子上學，仿效了帝國陸軍的將校背包方方正正的形狀，送給了當時還是皇太子的大正天皇，奠定了箱型日本書包的形象。

一八九七年，箱型書包統一了大小，至今廠商仍然將相同尺寸、樣式的書包稱為學習院型書包。但在第一次世界大戰前，箱型書包僅有富裕的貴族們才會使用，一般平民是用毛巾包裹書本上下學，直到一九五〇年才開始流行普及，直到現在都還是小學生們上學常用的包包，甚至在成人之間也流行了起來。

日本小學生除了後背包幾乎都是箱型書包外，大部分小學一年級學生會在上下學途中戴著黃色的帽子，這個帽子的正式名稱為「通學帽」，主要是讓尚未熟悉上學的一年級學生，能夠區辨學年、防範中暑以及保障交通安全等目的之用。

黃色因為非常醒目，被日本人認為是交通安全色，一九六〇年代為了防範產業災害及交通事故，訂定了每年的七月一日為國民安全日。以此為契機，黃色的通學帽開始被廣泛地使用。在靜岡和佐賀道路整備尚未完善的地區，也有讓學生上下學戴安全帽的學校。不過近年來，黃色安全帽因容易辨別孩童的年齡，考量到誘拐和犯罪的危險性，對此有所警戒的學校愈來愈多，黃色通學帽也不再是小學一年級生的專屬配件了。

13

# 從果汁和牛奶的外包裝設計感受無微不至的日式貼心

在日本想購入當地產的牛奶時，有沒有不小心被外包裝誤導，買成「乳飲料」的經驗呢？日本的超市裡，各地產的牛奶或是乳製品琳瑯滿目，有著純牛奶、調整過脂肪比例的成分調整牛奶、會用水或是其他乳製品調整濃郁度的加工牛奶和用牛奶和水以外的其他成分製作而成的乳飲料，因為包裝長得非常類似，一不小心就可能會買錯！

不過這時有一個可以快速判斷的依據，即是屋簷式牛奶包裝上方的「缺角」（切り欠き）。日本為了增進視覺障礙者購物的便利性，做了飲料容器的相關調查，結果多達76%的視障者認為紙盒包裝的牛奶最難分辨，希望牛奶能和其他種飲品區分。

於是在二〇〇一年開始，多數的乳製品製造商在製作五百毫升以上家庭用牛奶紙盒時，便會依照日本工業規格「關懷高齡者及視

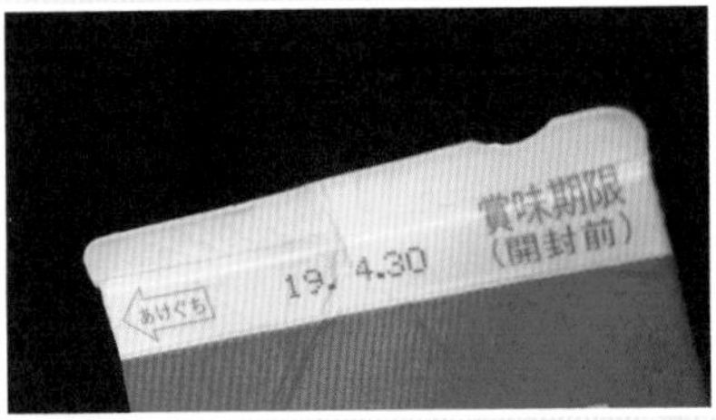


牛奶紙盒的缺角有著貼心的小祕密（來源：photoAC）

障者設計指南──包裝、容器」（高齡者‧障害者配慮設計指針─包裝‧容器）在上方開口的相反處多加一個扇形的「缺角」，在食品表示基準法裡面也有記載不是百分之百純牛奶的包裝上就不可以有缺角，因此茶、咖啡或是低脂肪牛奶的屋簷式紙盒裝飲品的包裝上緣就不會出現缺角，可以說是分辨是否為百分之百純牛奶的超方便方法！

在果汁的包裝上也可以看到日本人對於包裝的講究──果汁同樣也有分百分之百純果汁、果汁含量未達百分之百又高於百分之五的飲料、以及果汁含量未滿百分之五的飲料。當你在夏天的日本口乾舌燥，經過超商或是自動販賣機想要快速買一杯沁涼飲品解渴時，卻要一個一個分辨果汁的含量想必是相當勞心費神的事情吧！

因此，表示果實飲料的果汁含量所用的水果照片及圖片甚至是文字的基準在業界之間都有自主規定，以維持公平公正的競爭。首先只有百分之百的純果汁的包裝上才可以使用水果的切面照片，果汁含量未達百分之百又高於百分之五的飲料只能放上水果表面的照片或圖片，低於百分之五的飲品則只能放卡通化的水果圖片，不能放實體的水果照片。

不過這些規定僅限於果汁飲料，酒類、紅茶飲料及粉末飲料等若含少量果汁時，包裝的規定則不在此限。日本對於包裝以及便民性的要求實在讓人嘖嘖稱奇，下一回前往日本想要購買牛奶或是果汁時，再也不怕會買錯啦！

# 14

# 你知道日本可以設定專屬自己的紀念日嗎？

你應該聽過「愛對了，每天都是情人節」但你知道「日本人，每天都有紀念日」嗎？

熟知日本文化或時常接觸日本情報時，可能會在日本的報章媒體或廣告上看到「肉之日」、「好夫婦日」、「Pocky日」等特別的日子，其實愛過節日的日本人，除了傳統的年間習俗節日以外，幾乎三百六十五天都有紀念日！

一般財團法人日本紀念日協會認為每一天對不同的人都是特別的日子，一年三百六十五天，日曆上的每一天都創造出人類的文化及歷史。原先一開始有些企業會自己訂定某某日來推廣宣傳自家的商品，但是因為沒有一個統整的機構，所以一直無法將某某日推廣到民眾之間。因此一九九一年開始，日本紀念日協會正式開始讓企業、團體及個人，申請有意義且專屬的紀念日，除了會頒發紀念日登錄證以外，也會協助在媒體上曝光。

日本制訂紀念日大多會以人事物誕生、成立之日或是取諧音、形狀做為紀念日的日期，某一天也可能會同時有很多個紀念日。為了滿足好奇心旺盛的你，來介紹幾個知道了也沒什麼幫助的紀念日吧！

**【七月二日─烏龍麵日**（うどんの日）**】**一九八〇年，由香川縣製麵事業協同組合所制定。這一天也是二十四節氣又細分成七十二候的半夏生，是夏至後的第十一天。半夏生對農民來說是要將水稻等作物種植完畢的一天，傳說這一天下的雨是被稱為半夏雨的有毒雨水，因此要把水井全部蓋上、當天收獲的作物也不可以食用。據傳香川縣民從古代就有在半夏生這一天手打烏龍麵慰勞農民的習慣，因此這一天也是烏龍麵日。

**【八月五日─計程車日**（タクシーの日）**】**一九一二年八月五日，是日本最早的計程車公司成立的時間。與台灣最大的差別是日本的計程車有自動開車門的方便設計，這是因為一九六四年舉辦東京奧林匹克運動會時，為了讓外國人也能體驗到來自日本的款待，因此各大計程車公司紛紛將自動門系統導入。同時如果車上發生需要央求車外人協助的狀況時，計程車內也有按鈕，寫著「救命」的文字就會出現在計程車向外的電子螢幕上。

**【十月十日─柿種日**（亀田の柿の種の日）**】**一九六六年發售的知名下酒菜龜田製菓柿種在

二〇一六年迎來五十週年紀年，數字1就像柿種、數字0就像柿種中附的花生，因此特別在五十週年制定十月十日為柿種日。有趣的是柿種和花生的比例一直都是日本人酒後爭執的話題之一，一直都是柿種比花生米的六四比曾經引來柿種派的不滿，希望可以將柿種的比例拉高到八二比。龜田製菓還為此舉辦了國民投票，結果第一名是七三比、第二名是五五比，最後龜田製菓為了滿足所有投票的人，折衷選了六四比，結果和一開始一模一樣，什麼都沒有改變。

15

# 日本剪刀石頭布的第一聲「最初はグー」和志村健很有關係！

常看日劇或身在日本的你一定有聽過日文版的剪刀石頭布（最初はグーじゃんけんぽん）吧！第一句話「最初はグー」的中文是「先出石頭」，這句話並不存在於其他國家的剪刀石頭布中，是日本獨樹一格的唸法。

為什麼會多一句「最初はグー」，原意是讓出拳時間可以配合彼此，為了不產生先出後出的問題，所以先喊一句做好準備以決定出拳的時機。

一九六九年開始放送的TBS（日本的無線電視台）節目【八點全員集合】（8時だョ！全員集合）於一九八一年播出的一個環節中，志村健和搞笑藝人仲本工事兩人穿著西部劇的服裝要以猜拳決勝負，輸的人需接受懲罰，猜拳開始時便喊出了：「最初はグー！またまたグー！いかりや長介頭はパー！正義は勝つ！じゃんけんぽん」（先出石頭！還是石頭！碇矢長一出布！正義必勝！剪刀石頭布）[1]。

在節目播出後，因為「最初はグーじゃんけんぽん」唸起來很有節奏感，小朋友們開始熱

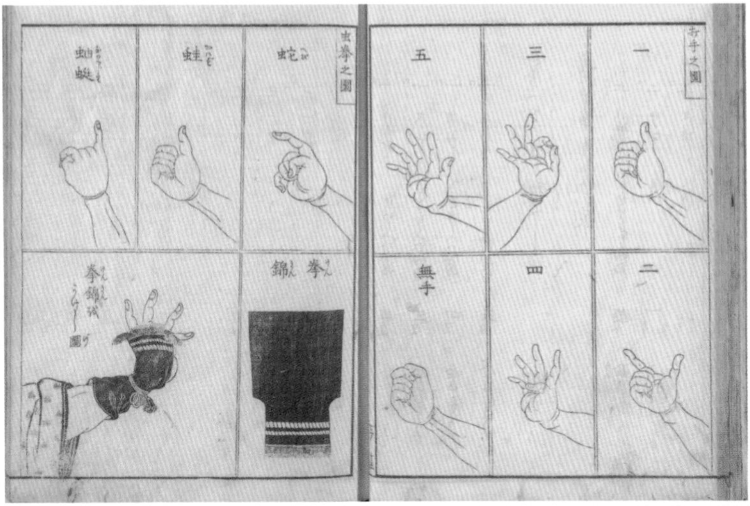


義浪、吾雀等人的作品〈拳会角力図会 2 巻〉記載了各式的拳法和遊戲，其中就有繪出相傳是日本最古老的猜拳「蟲拳」。（來源：國立國會圖書館，1809 年）

烈模仿，於是這個唸法便開始在全日本蔓延，變成日本人在剪刀石頭布時的習慣唸法了。

這句話的由來並不是在節目中偶然想到的，而是【八點全員集合】節目在錄影結束後的聚餐中誕生的。據說聚餐時每個人都喝的非常開心，氣氛也很高昂，最後「由誰來買單？」就決定以猜拳決勝負。不過因為大家都喝醉了，怎麼樣都沒有辦法在剛好的時間點一起出拳，於是志村健就說了：「請大家把手舉高，最一開始出石頭喔！」然後喊了第一聲：「最初はグー！じゃんけんぽん！」在野球拳[2]的規則中原本就有一開始要先出石頭的規定，但是讓這句話廣為流傳的始祖則是志村健。

日本其實在平安時代也有類似剪刀石頭布的「蟲拳」（むしけん），以不同的手指當作不同的動物，食指是蛇、大拇指是青蛙、小指是蛞蝓，「蛇可以吃掉青蛙、青蛙可以吃掉蛞蝓、蛞蝓的黏液可以溶解蛇」以這樣的方式分出勝負，蟲拳也被視為是日本最古老的猜拳遊戲。

1：いかりや長介是已逝的搞笑藝人、演員、音樂家碇矢長一的藝名。

2：以三味線和太鼓伴奏一邊唱歌跳舞一邊猜拳的鄉土藝能遊戲。

16

# 無奇不有的運動會——咬麵包競賽

咬麵包競走在日本是運動會的趣味競賽項目之一，現在不止紅豆麵包，也多了波蘿麵包、奶油麵包等各式各樣的口味。（來源：photoAC）

說到熱血沸騰的運動會，你會想到什麼樣的競賽項目呢？日本跟台灣一樣，有接力賽、趣味競賽、兩人三腳等講求團隊精神的活動，也有田徑、跳高、競走等競爭型的比賽，不過日本還有一項具有百年歷史，但在台灣卻很少見的運動會項目，那就是「咬麵包競走」！

咬麵包競走其實就像一般的賽跑或是競走比賽，只是會在賽道的中間掛著一排用曬衣夾夾著的紅豆麵包，參賽者必須用嘴巴將掛著的麵包咬下，雙手不得提供協助。紅豆麵包被細線掛著，難免會隨著風搖曳飄動，因此這項競賽十分講究瞄準麵包並一口咬下的精準度，如果不能快速又準確的將麵包咬下，就有可能被後兵追過。有一些比賽甚至會將參賽者的雙手固定在背後，除了可以防止用手拿到麵包以外，跑步時沒有雙手輔助平衡，更是增加困難度，是一個非常緊張又有趣的競賽活動。

咬麵包競走不講求跑步的速度，而是迅速咬下麵包的技術，因此對於不擅長跑步的參賽者來說反而是項容易取勝的競賽，在日本的運動會中也因為可以吃到麵包，所以相當有人氣。

不過到底為什麼會誕生咬麵包競走的活動呢？儘管有非常多說法，最廣為人知的始祖是一八七四年，東京築地的海軍兵學校舉辦的競闘遊戲會，參加者多達兩百人，可以說是日本最早的運動會。當時除了短中距離競走、跳高、跳遠等項目，據傳還有因為收到了大量製作失敗的紅豆麵包，所以將紅豆麵包與競賽項目結合成現在的咬麵包競走。

製作失敗的紅豆麵包之來源，據傳是現在的排隊名店「木村屋總本店」，紅豆麵包也的確是木村屋的創始人木村安兵衛在一八七四年開始構想的商品。

除了咬麵包競走外，日本還有一項叫做「倒棒」的比賽，規則是保護自己隊上長達三至五公尺高的木棒，同時也要想辦法擊倒敵隊的木棒。

最有名的倒棒比賽，莫過於日本防衛大學的傳統倒棒競賽，每隊人數多達一百五十人，一場比賽便是動員三百人的激烈賽事，讓對手的木棒傾斜三十度以上便算獲勝，因此比賽中可以看到近百名參賽者一次湧上對手的陣營，是非常壯觀且講究戰術的對抗賽。

# 17

# 千奇百怪，有的很帥有的無厘頭的日本姓氏！

佐藤、鈴木、高橋這三個姓氏是日本最大宗姓氏排行榜的前三名，光是姓佐藤（さとう）的人口就多達一百八十八萬人。佐藤是出自於天皇賜予的姓氏「藤原氏」，因藤原秀鄉曾任左衛門尉，其後裔就取職位名左衛門尉的「左」轉字為「佐」，以及藤原的「藤」而來。因此多數人在取姓時，為求家族興旺順便沾一點天皇的光，便多用藤原氏的藤字做姓氏的變化。

第二名是人口約一百八十萬的鈴木氏（すずき），起源於紀伊半島的熊野地區，據傳祖先是向神武天皇祀奉稻作的穗積氏，語源是熊野地方將稻穗積成一束一束的樣子，當時稱為「すすき」，漢字寫作「鈴木」。

人口數約一百四十二萬人的高橋氏（たかはし）也是古代的氏族，古代人崇敬連結兩處的「橋」，更有為了連結天與地而立柱的祭祀，因此高橋的語源是高聳的橋、高聳的柱子之意。

雖然聽起來姓氏相當有歷史，但其實庶民間開始普及姓氏也不過才一百多年。日本古代，只有少數的貴族和武士才有資格擁有姓氏。直到一八七〇年，為了徵兵、徵稅以及製作戶籍，明治天皇頒布了《平民苗字許可令》，容許平民也可以擁有姓氏，但是習慣以名字相稱的庶民對此並不熱心，一八七五年重新頒布《平民苗字必稱義務令》，將姓氏變成了國民的義務之一。

根據戶籍及電話簿的紀錄，現在的日本人就有超過四萬種姓氏，若依漢字、唸法等計算方式的差異，更可能超過十萬種！現存日本姓氏中最長的姓氏為五個字的「勘解由小路」（かでのこうじ）與「左衛門三郎」（さえもんさぶろう），其中又以後者的五字八音為最長姓氏之首。筆畫最多的姓氏為岩手縣獨特的「躑躅森」（つつじもり），總共五十四畫，光寫姓氏就花了五秒鐘，考試時應該要還給躑躅森同學五秒鐘的時間。

日本人取姓氏的依據多數以居住的地形、方位或是自己的職業為主流，例如以地形取姓最有名的田中便是其中之一，住在河流附近便會取川字做為自己的姓氏，路的盡頭有棵松樹而取姓末松，飼養犬隻而取犬飼、製作衣服取姓服部等等都是相當有趣的由來。

不過也有一些不明所以的特殊姓氏，例如醬油、鼻毛、肥滿、砂糖、芭蕉，還有聽起來很帥的降魔、無敵、一番合戰、大蜘蛛都是實際上存在的姓氏！

## 18

# 在日本說出「來決鬥吧！」可能會被逮捕喔！

在同學的鞋櫃裡放著挑戰書，寫著「今天放學屋頂決鬥，不見不散」是愛看少年漫畫的你曾經夢寐以求的畫面吧！在屋頂打了一架，兩敗俱傷的兩個人在夕陽餘暉下扶著彼此，從互看不順眼到打出友誼，也是一種名為青春的回憶。

但是你知道嗎？無論是說出「來決鬥吧」的邀約或是赴約的答覆，不管有沒有真正的決鬥，都有可能成立決鬥罪，甚至判處六個月以上兩年以下的有期徒刑。

決鬥罪是一八八九年所制定的法律，當時歐洲文化逐漸影響日本，尤其西歐有著決鬥的風俗習慣，為了維持日本的治安及社會秩序，便頒布了此項法令禁止決鬥行為，也因為這條法律是一百年以上的舊法，甚至比日本憲法還要古老，因此也有人說這是為了防止還留有以決鬥來復仇殺敵的武士們所制定的。

不過決鬥要怎麼定義呢？根據日本過去的判決，決鬥是指兩方的當事人合意進行對生命及身體有危害的鬥爭行為。因此相約時間地點進行決鬥，對方也答應就屬雙方合意，無論有沒有真的打起來，都有可能被逮捕！

雖然實際上的決鬥罪案件為數不多，判決的基準相較於傷害罪更加難以界定，但是還是有因為決鬥罪而被逮捕的案例：例如二〇一四年發生在京都市暴力集團的挑釁決鬥，便是其中一人說出「我要殺了你，一個人到某地集合！」後對方也真的赴約，因此決鬥罪成立。二〇一五年岐阜縣發生年紀約十四至十九歲的少年共二十二人，用社交通訊軟體訂下「不得使用兇器」、「不踢人」、「不抓頭髮」等事前決鬥規則，在市區內廣場進行大亂鬥，也被判處了決鬥罪。

在動畫漫畫中常看到的挑釁對白原來還有犯罪的可能性，意氣用事時還是要用文明的方式解決，丟出挑戰書要求決鬥可是違法的喔！

19

# 打工一小時就買得起的土地在哪裡？

銀座四丁目交叉口是東京非常熱鬧的地方，地價最昂貴的山野樂器就坐鎮在此。（來源：photoAC）

如果可以居住在日本，你想住在四季分明的北海道，還是都市性能便利的東京呢？居住在自己喜歡的環境很重要，但你可能也想考量現實一點的問題，那就是日本的地價到底貴不貴呢？

根據日本國土交通省二〇二〇年公佈的公示地價，日本最高地價的都道府縣前三名分別是東京都（一百一十六萬／平方公尺）、大阪府（三十三萬／平方公尺）以及京都府（二十六萬／平方公尺），光是東京的平均地價就是第二名大阪府的三點五倍，可見要享受東京的便利和潮流，也要付出相對昂貴的代價。

全日本最貴的地段是位於東京都銀座四丁目的山野樂器，蟬連十四年榜首的山野樂器大樓共有地上七層樓以及地下一層樓，公示地價每一平方公尺要價五千七百七十萬日圓（約一千五百六十萬台幣）。這樣聽起來沒有什麼實感，如果山野樂器內一間廁所的大小約一坪，光是要買這一坪的廁所就要花四千六百萬台幣，是一般凡夫俗子無法出手的天價。

不過商業區段的地價本來就會比住宅區昂貴，號稱是東京二十三區內的天龍區——港區以及千代田區，公示地價最高每平方公尺要價四百七十二萬（約一百二十八萬台幣），最貴住宅地段前十名由這兩個區包下。港區有青山、赤坂等商業地帶，也有熱鬧非凡的六本木，有名的白金台、麻布也被畫上有錢人住宅區的等號。千代田區內則有日本國會、首相官邸、皇居、東京車站，還有大手町、有樂町、秋葉原等商圈，便利性的確與地價關係密切。

有最高地價當然也就有最低地價，如果覺得東京太貴，日本還有打工一小時就可以買得起的土地[1]，那就是位在北海道厚真町的字輕舞地區，每平方公尺只要四百七十日圓（約一百二十八台幣），附近是富有自然景觀的農村地區，能夠遠離世俗的塵囂。

東京銀座山野樂器與北海道字輕舞不僅是距離和生活型態天差地遠，連地價都差了十二萬倍，是個相當驚人的數字呢！

[1]：根據二〇二一年三月厚生勞動省制定的最低時薪是八百二十日圓。

# 20

# 不要學日劇！給嫌疑犯吃豬排飯可能會違法！

昭和時代的電視劇總是會出現在偵訊室裡，嫌疑犯因為長時間的拷問而感到飢餓痛苦不已時，刑警端出了冒著煙熱騰騰的豬排飯，嫌疑犯因此感動萬分，一面吃摻著淚水的豬排飯，一面供出自己罪狀的畫面。

直到現在，偵訊室裡的豬排飯仍舊是一個對日本偵訊室的既定印象之一，但實際上警察在偵訊犯人時，不太可能無償提供過豬排飯給嫌疑犯。且提供給嫌疑犯東西促使他自白的行為屬於賄賂行為，在法律上也是被禁止的。

說到用熱騰騰丼飯溫暖人心的元祖，是一九五五年的電影【警察日記】。當時正逢第二次世界大戰戰敗，民生經濟相當窘困，剛接受完偵訊的父親終於和家人見面並一起吃飯，但僅剩的錢只夠買一碗咖哩飯給小孩吃，夫妻兩人餓著肚子。經過的警察署長看到這一幕後就請這一家三口吃天婦羅丼飯，這是偵訊室中的豬排飯最古早的原型。

至於偵訊室裡第一次出現豬排飯給嫌疑犯，則是昭和時期開播的刑事劇【向太陽咆哮】

（太阳にほえろ！），奠定了豬排飯在刑事劇中的基礎。第一次登場的豬排飯，在劇中擔任讓嫌疑犯情感巨變的重要角色，成為讓嫌疑犯自供的必備小道具之一，也因為這部刑事劇，讓日本國民將偵訊室與豬排飯劃上等號。在日本的「全日本男女對於警察偵訊和豬排飯的關聯性」調查中，二十到六十歲的民眾至少有近三至四成認為豬排飯是偵訊必備！

不過關於利用豬排飯讓嫌疑犯乖乖供述的一則真實性不確定的軼事，是發生在一九六三年的吉展誘拐殺人事件。這起悲劇是一名年僅四歲的男童一人在公園玩耍時下落不明，中間綁匪與家人通過多次電話要求贖金，最後男童仍未被釋放，幾個月後發現已成白骨的遺體。

這起案子在當時是相當重大的刑事案件，雖然抓到了嫌疑犯，但是他卻矢口否認，偵辦曾經一度陷入膠著。傳聞當時便有刑警在偵訊過程中提供了豬排飯，讓嫌疑犯放下戒心，讓整起案件得以終結。

長時間的偵訊難道真的什麼都不可以提供給嫌疑犯嗎？其實在偵訊室內還是可以給自來水和警察局公費購入的茶葉等簡單的飲品，如果是要求便當等食物，也有聽聞過偵訊結束時警察拿著收據來收錢的例子呢！

## 21

# 日本的百萬夜景，一個月的電費真的是一百萬

神戶的百萬夜景也通貨膨脹變成千萬夜景了。（來源：photoAC）

你可能聽過「東京的夜景是在公司加班的社畜所打造出來的」這句玩笑話，也可能聽過「神戶百萬夜景」、「函館百萬夜景」等名勝景點，但是到底為什麼會是百萬呢？這個百萬又到底是用美金還是日圓計算呢？

最一開始的百萬夜景，是指神戶六甲山上放眼望去的夜景。據說一九五三年，關西電力公司的副社長前往六甲山上觀賞夜景後十分感動，便利用眼前所見的燈火計算神戶市、尼崎市、蘆屋市以及大阪市

的戶數，算了一下大約是四百九十六萬七千戶，一個月的電費為四億兩千九百萬日圓。

當時相當流行以「一百萬美金的○○」做為廣告噱頭，因此從六甲山上看到由家家戶戶的燈光所打造出來的夜景，以當時的日圓美金匯率估算後是一百萬美元左右，關西電力公司副社長便在文章中使用了「百萬美金的夜景」形容六甲山夜景的壯觀。後來這個稱呼因為非常豪邁又吸引人，流傳至日本全國，許多夜景名勝地也紛紛使用百萬夜景當作自己的稱號。

不過就連巷口牛肉麵的價錢都會通貨膨脹，百萬夜景的稱號當然也會。現在的神戶夜景離第一次計算燈火電費的一九五三年已經隔了快七十個年頭，現代高樓大廈變多、住家及商店也隨著人潮增加、路燈及家電的普及以及物價上漲等因素，同樣從六甲山上望過去的夜景，也因此漲價成了「一千萬美金的夜景」！

住在都市沒辦法天天跑山上看夜景，又想看一些價值很高的景色該怎麼辦呢？東京都的東京鐵塔上有兩百七十六顆燈泡，一個月的電費大約為六十三萬日圓。同樣位於東京都的天空樹採用LED燈泡，一個月的電費約為四十八萬日圓。若是站在同時看得到兩個塔的地方，也可以說自己正在觀賞價值「百萬日圓的夜景」。而這兩個標的物所在的東京，產生的電力造就出的夜景，則是快要破一百億日圓的價值啦！

# 22

# 老一輩的日本人也有很多禁忌與迷信

「不可以用手指指著月亮，不然會被割耳朵」、「用紅筆寫名字會折壽」是小時候常被長輩告誡的都市傳說。在日本也有許多和台灣相似的迷信，例如一樣不能在晚上曬衣服、吹口哨；掉牙齒後，上排的牙齒要往下丟、下排的牙齒則是往屋簷上丟，之後的牙齒才會長得整齊等。日本還有哪些有趣的迷信呢？

**【從柿子樹上掉下來三年內會死掉】**（柿の木から落ちると3年後に死ぬ）柿子樹的樹枝很脆弱，容易斷掉。這是為了告誡貪玩的小孩不要爬上柿子樹以免發生危險而產生的迷信。另有一說是日本從繩紋時代就有柿子的遺跡，從古至今柿子就是重要的果實及糖份的來源，因此日本人也認為柿子是神的恩惠，爬上柿子樹對神有所不敬。

**【穿褲子的時候要從左腳開始穿】**（ズボンは左足から履く）這是武士流傳下來的護身密技，

身為武士需要時時刻刻保持警戒，就連在穿衣服的時候也必須處在隨時可以拔刀的戰鬥狀態。當時刀子會繫在左身，因此從左腳開始穿上袴，對於拔刀的速度會更迅速有效率。

**【指著蛇手指頭會爛掉】**（蛇を指差すと指が腐る）蛇自古以來就充滿著神祕與不祥的徵兆，因此認為對蛇不尊敬就會遭來天譴。同時部份的蛇也有劇毒，指著蛇反而容易變成被蛇攻擊的標的。

**【聽到打雷要把肚臍藏起來】**（雷が鳴ったらへそを隠す）一打雷就可能會下大雨，氣溫也會隨之變低，因此長輩們會用這樣的迷信告誡小朋友要穿得暖和，不要著涼。

**【看到靈車或喪事要把大拇指藏起來】**（葬列に出会ったら親指を隠す）日語裡的大拇指為「親指」（おやゆび），「親」這個字也有雙親的意思，因此有藉著把大拇指藏起來以保護雙親的意思。

**【打飽嗝一百次就會死掉】**（しゃっくりを百回すると死ぬ）曾經看過櫻桃小丸子的讀者們一

定也相當熟悉小丸子深怕自己打一百個嗝而死掉的畫面吧！雖然沒有任何的科學根據顯示打飽嗝一百次就會死掉，但是就和非洲每經過六十秒，世界就會少一分鐘的道理一樣，打嗝的間隔約為十秒，打一百次嗝則大約會花費十六分鐘左右，所以雖然打飽嗝一百次不會死掉，但是會少掉十六分鐘的壽命。

**【在手心寫三次人可以緩解緊張情緒】**（手のひらに「人」という字を3回書いて飲み込む）

在日劇或是動漫裡也常看到上台比賽前，先在手心上寫字吞下去的畫面。有一說是手掌心有可以安定情緒的穴道，以及在寫字並喝掉的過程中可以暫時忘記緊張，在現代還是有許多人會用這個方法來緩解緊張感。

# 23

# 你知道可以將皇居設為自己的戶籍地嗎？

皇居，指的是日本天皇居住的宮殿，位於東京都千代田區。除了起居室不開放，宮內廳以及東御苑都開放給民眾預約或是定時參觀。但即使不是皇室成員，在日本竟然可以將皇居設為自己的戶籍地！

日本的「本籍地」，指的是戶籍所在的場所，「戶」就是一個家族集團。有些人會延續祖先原本的本籍地，也有人會因為結婚組成新的家庭，將新家設為新的本籍地。原本戶籍是記錄家族的身份關係以及登記國民身份而存在，但是隨著資安及保護隱私的意識抬頭，為了不讓就職、結婚時，以戶籍地判定出身的家系是否顯赫或偏遠部落等原因造成差別待遇，現在的銀行機構、駕照都已經不再有戶籍地的格式，而以現居地址為主。

戶籍資料一律由戶籍地所屬的市區町村保管，如果要申請移轉戶籍，部分自治體除了臨櫃以外也可以使用郵寄或由便利商店的專用機台申請，所以就算要申請非常遠的觀光名勝做為戶籍地也是易如反掌。只是要特別注意郵寄申請戶籍謄本比臨櫃花時間，所以多數人還是會選擇方便前往的地方設為戶籍地。

戶籍地和現居地址沒有任何關係，在生活上使用到戶籍資料的場合主要是在結婚、離婚和申請護照時，因此就算更改了自己的戶籍地，也不會在生活中造成太大的麻煩。只要是在日本領土內真實存在的地方，皆可以任意選擇喜歡的場所申請為戶籍地。多數人會選擇以下地區遷入戶籍：

- 代代相傳的老家
- 新遷居的家
- 配偶的老家
- 充滿回憶的地方（例如機場、車站、公園、無人島等）
- 有名的地方（例如皇居、國會議事堂等）

同一個地方有複數家庭申請本籍地也是被允許的。目前將皇居申請為本籍地的人，據說超過兩千人，另外非常有人氣的戶籍地點還有大阪城、甲子園棒球場、東京迪士尼樂園等等。

不過前面提到了把戶籍地申請在皇居，難道就和皇室成員在同一個戶籍地了嗎？其實皇室成員並沒有戶籍，只有記載皇室身份及關係的皇統譜。因結婚進入皇室的人會註銷戶籍、寫入皇統譜；相反的，因結婚離開皇室的人則會從皇統譜上移至結婚對象的戶籍地。所以就算將自己的戶籍改成皇居，也不能變成皇室成員呢！

# 24

## 今天的洗衣服指數、吃火鍋指數、啤酒指數，讓日本氣象局報給你知！

日本氣象協會網站可以查詢當日和一週內的氣溫和降雨量，賞櫻季節還能查到櫻花前線預測，遇到天災也會提供颱風、地震情報，是個對在日本國內外人士來說都非常便利的網站。

許多人會透過天氣預報決定今天適不適合洗衣服、洗車或是帶傘出門，除了基本的天氣預報服務，你知道日本氣象協會更貼心的列出「睡眠指數」、「服裝指數」、「火鍋指數」、「啤酒指數」、「喉糖指數」[1]甚至是「冷熱溫差造成皮膚乾裂指數」嗎？

日本氣象協會透過溫度、濕度等條件，將每種指數化為五個程度，依照程度不同也會有不同的建議。

「喉糖指數」是日本氣象協會認為乾燥的空氣或是花粉容易造成喉嚨乾癢疼痛，因此透過各項數據調查將需要喉糖的程度分成五種「幾乎沒問題．稍微注意．需要注意．警戒．嚴重警戒」，提醒民眾依照程度高低判斷是否需要隨身攜帶喉糖。

「睡眠指數」也是透過入睡時的溫度和起床時的氣溫做為評斷數據，提供「必須整夜開暖氣．早晚開暖氣．睡前開暖氣．早上稍冷．不開暖氣也能睡得好」的參考指數。

「冷熱溫差造成皮膚乾裂指數」更是相當貼心，溫差驟降時容易造成皮膚乾燥甚至裂傷，日本氣象協會也會參考前一天的溫差、當日的日夜溫差、屋內屋外的平均溫差等數據，分為五種程度的危機提醒，像是東京在冬季時就常被列為危機程度最高的城市，時常做足保濕準備是相當重要的。

冬季限定的「火鍋指數」也相當有趣，以體感寒冷度和空氣乾燥度判斷今天是不是個適合吃火鍋的好日子，網站上也會推薦福岡的水炊鍋和秋田的鄉土鍋物料理，在指數高的這一天就可以毫無懸念的大肆採買火鍋料。

有冬天的「火鍋指數」，當然也有夏季限定的「啤酒指數」和「冰淇淋指數」。猛暑夏日時一定會很想要一杯冰冰涼涼的啤酒或是一根沁涼的冰棒，「啤酒指數」和「冰淇淋指數」便是調查當日的溫度和濕度，以非常淺顯易懂的數據告知大家今天的天氣非常適合喝啤酒吃冰淇淋啦！

日本天氣協會網站：tenki.jp

---

1：已於二〇二〇年三月下架。

25

# 榻榻米的邊緣不可以踩？

在鋪著榻榻米的和室吹著電風扇、喝杯麥茶，聽著隨風發出清脆聲響的風鈴聲，聽起來就很有日本的感覺。榻榻米是日本傳統的地板材料，也是極具日本風味的建築風格之一，現今的建築裝潢雖然都以西式為主，但仍有不少日本人會準備一間鋪著榻榻米的和式房間，榻榻米雖然從奈良時代（710-794）就存在了，但至今還是不退流行。

目前現存最古老的榻榻米還保存在奈良東大寺正倉院中，是日本第四十五代天皇聖武天皇（在位期間724-749）所使用的「御床畳」，是放置在木製台子上當作床墊使用的草蓆。到了平安時代（794-1185），貴族的家中開始擺放榻榻米，並在榻榻米上方放置寢具等物品，並不會鋪滿整間房間。甚至在當時，榻榻米的厚度和邊緣的花紋也根據使用者的身份高低而有不同。之後隨著建築風格的改變以及茶道的發展，榻榻米才逐漸鋪滿整個房間，也開始普及至民間。

榻榻米的邊緣稱為畳縁（たたみべり）在以前除了可以顯示地位以外，也有走路時不可以踩到的禮儀規定，主要的緣由為以下兩種：

榻榻米畳緣的擺放方法會避免讓榻榻米的四個角聚在一起，因此會用縱橫交錯的方式擺放。（來源：photoAC）

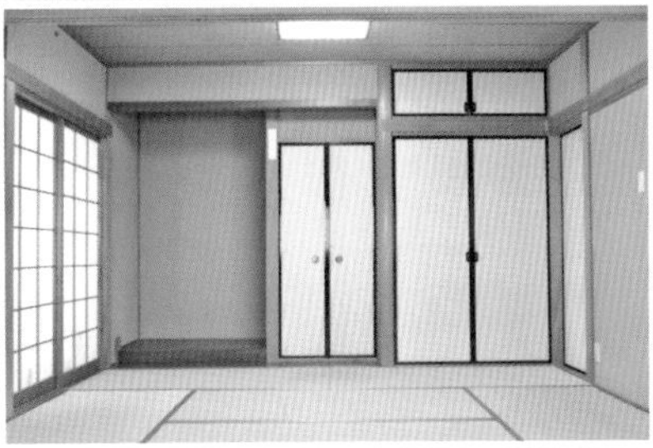

面對床之間（凹間）的榻榻米一定會擺成橫的，與之平行。（來源：photoAC）

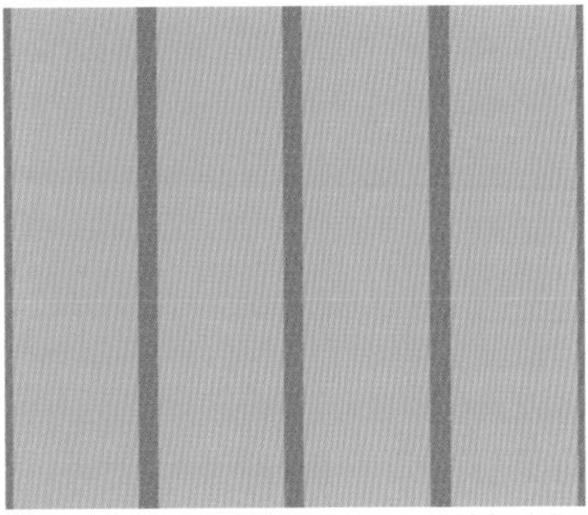

遇到喪事的榻榻米擺放方法之一。

疊緣會以有花樣的布包覆，有些武士世家會以自己的家紋當作榻榻米緣的花樣，因此踩到其上就好像是踩到祖先們的頭上一樣，是件非常失禮的事情。就算不是以家紋為花樣，多數花紋還是以動植物為主題，因此不踩踏這些動植物，也是身為人類尊重生命的教養。

再來是如果常看忍者影片，會發現很多忍者經常躲在地板下方，透過榻榻米的縫隙發射武器，因此走在榻榻米的邊緣會暴露自己的行蹤，成為攻擊目標，不走在榻榻米的邊緣也是一種保命的方法。

除了不可以踩到疊緣以外，榻榻米的鋪排方法也有幾個禁忌，常見的榻榻米常以縱橫交錯的方式鋪排，面對門和面對和式的床之間（凹間）都有特定的擺法。空間不夠放滿一張榻榻米，只能放半張（半疊）時，也不能放在傳說中鬼進出的北東方位。如果都是直著排或是橫的排，讓榻榻米的四個角集中在同一個點，代表是喪事時的擺放方法，非常不吉利！

# 日本奇妙知識不思議

# CHAPTER 2

## 食物篇

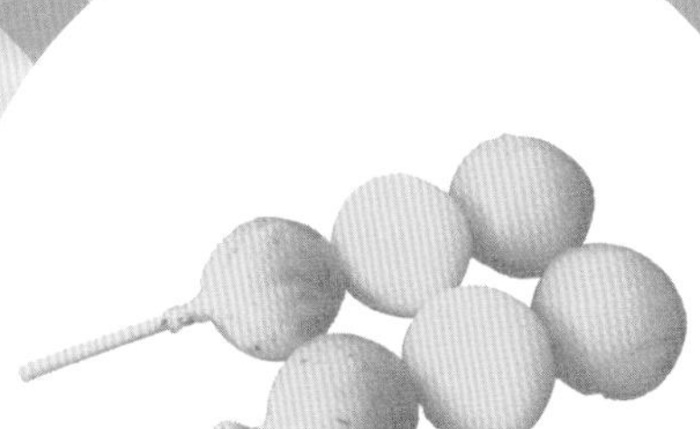

01

# 原本是禁菸用糖卻廣受喜愛的森永牛奶糖

說到牛奶糖，腦海中第一個浮現的應該是經常在便利超商出現的森永牛奶糖吧？不過小孩很愛吃的甜滋滋牛奶糖，其實是為成人設計的禁菸用糖呢！

1924 年，昭和天皇前往南紀（和歌山）時，日本學者南方熊楠向天皇獻上南紀一帶珍貴的動植物標本，進獻給天皇的東西通常都會放入木箱，但是南方熊楠用森永牛奶糖的盒子裝了標本獻給天皇，天皇反而覺得有趣並印象深刻。（來源：南方熊楠顯彰館）

森永牛奶糖的創始者森永太一郎（1865-1937）出生於佐賀縣伊萬里，是日本著名陶瓷有田燒的發祥地，當時的家庭事業是陶器批發商。但後來父親病逝、母親改嫁後，家道中落，從小森永太一郎就如同皮球般在親戚家來來去去，直到被伯父山崎文左衛門收養，改名為山崎太一郎。

伯父教導他許多從商的知識，太一郎後來赴美販賣陶器製品，開啟人生的第一個事業。雖然赴美的生意最終以失敗收場，但他改變方向，開始找尋當時日本人鮮少接觸的西洋菓子製造工作。同時太一郎開始接觸基督教，成為虔誠的基督徒。中間回日本傳教時，因和伯父的信仰理念不同而發生摩擦，之後改名回森永太一郎。據說森永的小天使商標就是受基督教所啟發。

太一郎總計在美國待了十一年，學習了各式各樣的西洋甜點製法，判斷此時應該是在日本推廣普及西洋菓子最好的時機，因此決定返回日本。一八九九年，森永太一郎在東京赤坂地區設立了僅僅兩坪大的森永西洋菓子製造所，也就是現在大家耳熟能詳的森永製菓的前身。當時的主打商品是有著「天使的食物」之稱的棉花糖，主要販售對象鎖定為居住在橫濱的外國人以及福澤諭吉等海外歸國者，也因為商品受到駐日美國大使夫人的青睞，森永的洋菓子成為上流社會的注目焦點。

之後森永製菓慢慢轉型，開始研發太一郎在美國學到的牛奶糖技術。不過在日本，原物料和美國還是有差異，加上日本多濕的天氣，導致牛奶糖容易融化，無法持久保存。當時無法解決這個問題，於是便使用蠟紙一顆一顆分開包裝販賣，如同今日看到的包裝方法。

一九〇八年，為了攜帶方便，推出了錫罐包裝的牛奶糖，但錫罐的成本高，售價也因此提升，銷量相當低靡。森永製菓朝思暮想，希望能讓牛奶糖方便攜帶的便利性變成賣點，最後決定了紙盒包裝。新包裝於一九一三年六月十日開始販賣，以此日做為紀念，二〇〇三年時將六月十日訂為牛奶糖日。

森永牛奶糖的銷售出現轉機是在一九一四年位於上野公園舉辦的大正博覽會。當時想試試看紙盒包裝的評價，於是販售了主打為送禮用的二十粒入牛奶糖紙盒裝，意外獲得高人氣，紙盒單顆包裝的牛奶糖瞬間竄紅。除了開始在一般超市等通路販賣以外，甚至開始了許多大型的推廣活動，例如森永製菓的公司員工一邊吃著森永牛奶糖一邊開車讓路過的人觀賞、在汽車上貼上廣告或發送文宣等等，以當時來說是非常大手筆的宣傳手法。

抓準商機的森永製菓緊接著推出十粒入的小紙盒包裝，在新聞媒體上以「特別為想戒菸的紳士淑女們開發的特製包裝」為主打，森永牛奶糖以專為成人設計的高級菓子之姿，主推「禁菸代用糖」的口號，嶄新的文宣吸引了全日本的目光。在當時甚至很多不肖商人看準了森永牛奶糖的商機，紛紛製造包裝十分類似的假貨呢！

從原本只有兩坪的廠房，在二十年間增加了一千三百位員工，甚至將辦公室移轉至當時號稱東洋第一辦公大樓的丸之內，森永製菓獲得了東洋的製菓大王之稱，果然名符其實。

## 02 為什麼日本人泡完湯後都要來一瓶咖啡牛奶？

咖啡牛奶，是泡完溫泉的人幾乎人手一瓶的沁涼飲品。

日本最早量產的咖啡牛奶是由神奈川的守山乳業所開發，並於一九二三年四月二十日開始在車站便當店販售，已經有九十七年的歷史，因此四月二十日被訂為咖啡牛奶日。

咖啡牛奶是由守山乳業的創業者守山謙和住田商會的社長住田多次郎偶然開發出來的產品。當時守山謙要採購奶油時，剛好遇見到同一家店推銷夏威夷咖啡豆的住田多次郎。由於大正初期咖啡在日本尚未普及，住田多次郎希望可以讓喝咖啡的習慣傳遍日本，便向守山謙提起夏威夷有著喝咖啡加奶油的習慣。守山謙想著若將奶油改成鮮乳會不會更好喝呢？之後一直嘗試牛奶和咖啡的比例，後來守山謙的太太提議加入砂糖增添風味，第一杯咖啡牛奶就誕生了。

開發初期的咖啡牛奶畢竟是加入鮮奶，保存期限最長只有一天，要成為可以運送到商店並上架的正式商品相當困難。後來守山謙聽從從醫的弟弟建議，利用煮沸消毒法將牛乳殺菌後再裝入玻璃瓶內保存，利用殺菌過後的牛奶製造出的咖啡牛乳可以延長保存至一星期，終於順利的商品化。

至於咖啡牛奶會在錢湯大受歡迎的關鍵則是因為冰箱。根據每日新聞社廣報局的記載，昭和時代前期冰箱尚不普及，一般家庭沒有私人冰箱，無法保存牛奶這類需要冷藏的食品，購買乳製品的慾望當然會受影響。而當時算是社交中心的錢湯有些會設置冰箱，因此乳製品業者認為在錢湯擺放商品可以促進業績。

當時的人也相信洗完熱騰騰的澡後喝杯沁涼的牛奶對身體很好，後來隨著咖啡牛奶的發明，業者也同時將咖啡牛奶一同陳列販賣，果不其然，在錢湯裡販賣咖啡牛奶的做法大受好評。加了咖啡的牛奶比起一般牛奶更是奢侈，所以許多人紛紛嘗試，就算是冰箱及浴室在一般家庭中相當普及的現代，咖啡牛奶至今仍然是泡湯完後的熱門飲品之一。

## 03 曾經出現過只要等一分鐘的泡麵

日本的泡麵千奇百怪，除了會依照各個地區的名產推出該地特有的口味，還會推出超級辣、超高熱量、超級大份等不同噱頭的泡麵。

泡麵的由來有一說為日清食品創業者安藤百福所發明，安藤百福是日本統治時代台灣出身的台灣人，原名吳百福，於一九六六年取得日本國籍。安藤百福除了發明泡麵外，同時也發明了泡麵的基本製法「瞬間油熱乾燥法」，並在同年將此製造法申請專利，甚至獲選為戰後日本發明一百選的前十名。

安藤百福為創始者的這個說法雖然目前廣為人知，但也有一說是一九五六年，南極觀測隊攜帶了東明商行所發明的泡麵當作糧食。而東明商行的創業者也是同為台灣人的張國文，據傳他發明了泡麵後，再將這個專利以兩千三百萬日圓賣給日清食品。但是真實的情況目前還尚未有定論。

愛過節日的日本人當然不會放過將泡麵也變成紀念日的機會，日清食品選定大受歡迎的商

品「雞汁拉麵」（チキンラーメン）在一九五八年八月二十五日的發售日，制定該日為泡麵紀念日。同時雞汁拉麵也被說是日本史上第一碗泡麵。

但是聊了泡麵的歷史，你一定也覺得好奇「為什麼泡麵一定要等三分鐘？」，眾人所知的泡麵等候時間普遍為三分鐘，其實不是因為一定得泡這麼久才可以讓裡面的食材泡開，而是因為這是肚子餓的程度與對泡麵的期待感最佳化的時間，也就是為了吃的人的期待心理，才訂出三分鐘的等候時間。

其實在一九八二年由明星食品公司經過特製手法改造的杯麵，標榜只需要等候一分鐘就可以享用的Quick1問世。將調理時間濃縮至一分鐘，希望可以滿足等不及三分鐘的饕客們的食慾。原本以為會大受好評，結果卻收到了「湯太燙了」、「特殊製法的麵太容易軟爛」等負面評價，商品人氣急劇下降，甚至曾經一度停止販售，雖然二〇一三年又重起爐灶再度販賣，但現在又消聲匿跡成為曇花一現的稀有珍品。

泡麵會在日本大為風行其實也和一九七二年發生的「淺間山莊事件」有關，當時有五位聯合赤軍成員（日本極左派武裝恐怖組織的分支）綁架挾持了位於輕井澤的淺間山莊的管理人之妻。

事發當時正值寒冬，長野縣的山中更是零下十五度的低溫，要送給埋伏待命的機動隊員們

日本人的泡麵千奇百怪，曾經出現過網路上評比超級難吃的奶油蛋糕泡麵，就算一碗只賣 30 日圓還是滯銷。（來源：photoAC）

的食物在運送過程中都結凍不能吃了，因此警方就決定發送日清杯麵給山上的警員。當時這個事件備受矚目，電視台轉播的收視率接近百分之九十，因此當電視台在轉播警察在寒冬的山中吃著熱騰騰泡麵的鏡頭時，也意外帶起了民眾購買泡麵的風潮。

04

# 你知道白色情人節原本叫做「棉花糖日」嗎？

情人節應該是許多男少女心中期待的節日。日劇裡總是出現女孩在心儀對象的抽屜裡塞巧克力，並且期盼在白色情人節收到對方的回禮，而男孩則是緊張的在抽屜或鞋櫃裡翻翻找找，期待著驚喜的畫面，光是想像就覺得青春真是美好。

白色情人節源自於日本，在二月十四日的情人節會由女生送「本命巧克力」給心儀的對象，而三月十四日則是收到的人回禮的日子。透過回禮告訴對方自己的心意，如果兩個人心意相通，那麼就可以開始展開一段如巧克力一般甜蜜的戀曲。

有送給心儀對象的本命巧克力，也有給普通男性朋友的「義理巧克力」，也可以說是人情巧克力。兩者的包裝大不相同，通常本命巧克力會較為精緻，有時還會附帶小卡片，義理巧克力則通常是超大包裝的分裝巧克力，班上的男同學或是公司的男同事每人分個兩三顆，這樣的做法也比較不會讓明明是收到義理巧克力的人以為自己是本命。當然也會有人手作巧克力，利用口味或是數量分成本命或是義理。

情人節送出了巧克力後，如果能在白色情人節收到本命的回禮那就再好不過了。白色情人節的來源說法眾多，多數的說法是甜點業界打著「這一天要回禮給對方喔！」以宣傳自家的甜品，讓注重禮節的日本人覺得不買不行，是個看準民族性和時機的商業手法。也有一個說法是不二家使用「回禮吧，情人節」（リターン・バレンタイン）的宣傳標語，在一九七三年三月十四日開始販售回禮用的棉花糖。

另一說是由博多有名的黃餡棉花糖菓子屋石村萬盛堂，在少女雜誌上刊登「情人節的回禮至少要送棉花糖吧」為主題的文章，衍伸出「你所送的巧克力就用我的溫柔（棉花糖）包覆後還給你吧！」的行銷概念。當時白色情人節其實不叫做白色情人節，而是「棉花糖日」，直到一九八〇年代才更正為現今眾所皆知的白色情人節。

雖然包著巧克力的棉花糖有著回應對方告白的意思，但是單純的棉花糖卻有吃進去就會融化，表示希望對方趕快消失的含義，隱喻著「我討厭你，消失在我眼前吧！」。因此在挑選白色情人節回禮時，特別注意不可以挑選到完全沒有包任何東西的棉花糖，導致原本可能譜出甜蜜戀曲的兩人就此斷絕關係喔！

# 05

# 惠方卷會推廣到全日本，其實是便利商店的陰謀？

每年的二月初都是日本的節分，節分指的是季節的分野，簡單來說就是常聽到的立春、立夏、立秋和立冬的前一天。江戶時代後，則習慣指一年之始的立春的前一日為「節分」。說到節分，就不能不提日本「鬼在外，福在內」的撒豆子文化和一口吃下惠方卷了。

節分要撒豆子驅鬼的習俗最早的文獻紀錄可以追溯到室町時代，記載幕府將軍足利義教時代的史料書《看聞日記》以及描寫室町時代法制政治的《花營三代記》兩部書都有記載以豆打鬼的習俗。

傳說邪氣會在季節交替之時產生，鬼、魔會相繼出現。古時候的日本人相信穀物的神靈會寄附在五穀之中，大豆便是其中一個，同時大豆也蘊含著強大的生命力並具有可以除魔的靈力。在撒豆時，比起其他穀物，大豆擲出的聲響更大，被視為除魔的效果更佳。豆的日文「まめ」在日文的漢字中又可以寫成「魔目」或是「魔滅」，因此便產生朝著鬼的眼睛撒豆子可以驅散惡靈的儀式，以及撒豆子可以消滅邪氣、順利除魔的說法。

撒豆的時間為節分的晚上，因為鬼怪出現的時間是在傍晚黃昏，也就是據傳容易發生災禍與魔物的逢魔之時。撒出的豆必須為炒過或是烘焙過的大豆，這是因為相信豆子能夠吸附晦氣，所以豆子發芽象徵著不吉利，炒熟豆子也是為了防止發芽。撒完豆子後為了要招福必須吃掉虛歲數量的豆子，吃豆子時也不可以講話，必須全程保持安靜地吃。

惠方指的是惠方神到來的方向，每一年都會不一樣。2022 年的惠方是北北西。（來源：photoAC）

有趣的是北海道、東北、北陸以及南九州的撒豆文化並不是撒豆子，而是撒花生，依據地方習俗不同，也會撒糖果、橘子等等。雖然為何要撒花生的原因眾說紛紜，但據傳是花生比大豆還要好撿，而且也不容易弄髒地板。在撒豆人口中，花生還是佔了兩成左右。

惠方卷據說是江戶時代發源於大阪及京都花街，其實最早並不叫做惠方卷，而有粗卷壽司或是圓卷等不同稱呼，當時是花街的商人及賣藝的遊女為了祈求商業繁盛才開始吃包著七種料代表七福的壽司卷。但是這個起源其實只是口耳相傳，實際上並沒有確切的證據。

發源自關西地區的惠方卷開始流行到全日本各地，廣為人知的是一九八三年便利商店為了提升二月淡季業績的陰謀之說，而一九八九年另一家便利商店將這個圓形的壽司卷取了一個很有福氣的「惠方卷」之名，原本先從廣島縣試賣，大受好評後瘋傳至全日本，從此多數的日本人在節分這一天都會想到惠方卷，許多家超商也都會在節分時推出包著干瓢、黃瓜、玉子燒、鰻魚、肉鬆和香菇的惠方卷。

和吃豆子一樣，吃惠方卷時也要安安靜靜地吃，為了不把福氣切斷，惠方卷不能切成塊狀，必須一個人吃完一整條，並且要朝著惠方吃，才可以迎接大吉大利。

# 06

# 最早的咖哩飯是青蛙肉咖哩！每週五是海上自衛隊的咖哩日！

日本國民美食咖哩飯，在日文中有「咖哩飯」（ライスカレー）和「飯咖哩」（ライスカレー）兩種名稱，現在的日本人雖然幾乎都是說「咖哩飯」（カレーライス），但你知道其實這兩種說法的咖哩飯有著不同的意思嗎？

現代常見的咖哩飯，在明治時代其實叫做「飯咖哩」（ライスカレー），將飯與咖哩醬汁擺在同一個盤子上，是常出現在家庭餐桌上屬於平民派的咖哩飯。當時的「咖哩飯」（カレーライス）則是在洋食餐廳裡，咖哩醬汁用容器另外盛裝，需要自行將咖哩淋在飯上的餐廳等級料理，比起飯咖哩更具有高級感。

將咖哩飯介紹給日本人的第一人就是各位熟知的福澤諭吉，當時他所翻譯的辭典中，首次出現了「咖哩」一詞。那麼說到咖哩飯，你會想加入什麼肉呢？東日本普遍都是豬肉咖哩，西日本則大多為牛肉咖哩，西日本的日本海側城市則多為雞肉咖哩。明明都是日本，使用的食材卻因為地區而大有不同，令人不經好奇日本最早的咖哩飯究竟是使用哪種肉類呢？

一八七二年創刊的《西洋料理指南》一書提到明治時代的咖哩飯食譜，居然是使用青蛙肉！

明治時代的日本人因為長年的禁肉令，在當時還沒有養成吃肉的習慣，加上咖哩飯其實是開國時由英國帶進日本的食物，當時也有許多中國南方出身的人一起跟著前往日本，中國南方據傳有吃青蛙的習慣，因此在日本人製作咖哩飯時，因為還不習慣吃牛、豬等肉類，便使用青蛙做為咖哩飯的食材之一。

從明治時代開始深入人心的咖哩飯，在日本海上自衛隊也有著相當有名的習俗，那就是每個星期五的咖哩飯日。日本海上自衛隊擔任保衛日本周邊海域的重責大任，一出海通常都是半年以上的長時間海上生活，在海上待久了會喪失時間感，因此據傳從很久以前開始，為了能讓船上的自衛隊員可以知道今天是星期幾，開始了每個星期五吃咖哩飯的傳統。

這麼多種食物，卻選擇咖哩飯的原因也很簡單，因為製作咖哩的食材相對容易保存、咖哩飯也適合大量製作。海上自衛隊的單艘軍艦最大乘載人數為九百七十人，要能夠大量且快速的做出好吃的食物想必也很困難，因此咖哩飯便是非常好的選擇。

現在海軍咖哩飯也商品化了，讓不是海上自衛隊的民眾也可以買回家體驗看看每週五的海上咖哩日！

廣島縣的海軍咖哩。每週五必吃的咖喱飯，是為了讓在海上出任務的自衛隊員們，知道今天是星期幾。（來源：photoAC）

07

# 日本最貴的鐵路便當要價十八萬日圓!?

說到鐵路旅行，會不會聯想到坐在景色不斷更迭的窗邊，一邊享受著手中吃起來別具風味的便當呢？就算餐盒裡只有兩個白飯糰和醃蘿蔔，鐵路便當在火車上吃起來就是多了一分旅行的味道。據傳日本最早的鐵路便當是在一八八五年七月十六日由旅館白木屋製作並在宇都宮站販賣，當時的鐵路便當菜色的確就是包在竹葉中的兩個梅干飯糰和兩片醃蘿蔔，也因此訂定鐵路便當日為每年的七月十六日。

已經有一百三十多年歷史的鐵路便當演化至今，衍伸出許多包含地方特色食材的高級便當，但其實便當本身的歷史卻可以追溯至平安時代（794-1194），以當時貴族或宮廷設宴時發給隨從的飯糰為起源，因為可以隨身攜帶解決吃飯的問題，被認為是最早的便當。

現今常聽到的「幕之內便當」，則是從歌舞伎文化興起的江戶時代（1603-1867）開始。雖然幕之內便當的起源也是諸說紛紜，但最廣為人知的一說如同字面上所示，幕之內的意思就是歌舞伎表演中換場景時會拉下的布幕，原本只供給布幕後休息中的演員們，但在當時歌舞伎的表演常常都是一整天，演員會肚子餓，觀眾當然也會。因此便有一家名為「萬九」的料亭，嗅到了機會財，推出了將米飯捏成方便一口吃的橢圓形，配上玉子燒、魚板等各式小菜，提供給觀看歌舞伎的觀眾在座席間等候換景時也能品嚐的便當。

日本有三大神器：八咫鏡、天叢雲劍和八尺瓊勾玉，幕之內便當也有被譽為是三神器的三種配料：烤魚、玉子燒和魚板，可以說是幕之內便當成為人氣商品不可缺的要素。

在江戶時代，萬九所提供的便當換算成今天的幣值約為兩千五百日圓，這樣的價位不禁令人好奇兩個飯糰和醃蘿蔔的鐵路便當售價到底是多少錢呢？在理髮要四錢的一八八五年，兩個飯糰和兩片醃蘿蔔的售價為五錢，大約是一千日圓左右。

到了近代，雖然便當的價錢都比以往還要更有競爭力，但也因為人們對食材與美味的追求提升，高價位鐵路便當的種類也是五花八門。目前已知最貴的鐵路便當由日光鱒鮨本舖製作，因為便當盒的純手工雕刻製作需耗時數個月，難能可貴的「日光埋藏金便當」一個要價十八萬日圓，除了必須事先預訂，通常一公開消息後就像搶演唱會門票一樣瞬間秒殺，是捧著錢也不見得買得到的高級神祕便當！

提到日光埋藏金就會聯想到德川家康傳說中高達四百萬兩的寶藏（約二十兆日圓），過了四百多年這一大筆數目仍只是個傳說，尚未被人挖掘。日光鱒鮨本舖取名日光埋藏金便當想必也蘊含著打開便當盒外的風呂敷，看到高級的壽司、明蝦、魚子醬、和牛牛排擺放在精心雕刻的木盒中，就像打開德川家康的寶藏一樣令人期待又興奮吧！

# 08

# 章魚燒原本是包牛肉!?

東京人和大阪人對於「排隊買章魚燒」也有不同的想法，東京人會認為大排長龍的章魚燒店一定很好吃而排隊，但大阪人覺得反正章魚燒店這麼多家，去吃別家就好，故比較少看到大阪當地人排隊買章魚燒。（來源：photoAC）

要分辨小捲、透抽、花枝、軟絲和章魚可能有點難度，但你一定分得清楚章魚和牛肉的不同！要是大阪名物章魚燒裡面包的是牛肉，是不是會令人大吃一驚呢？

章魚燒的創始者據傳是大阪府西成區會津屋的創業者遠藤留吉，從原本就有的「收音機燒」（ラジオ焼き）改良而成，大小、造型基本上和現代常見的章魚燒大同小異，只是內餡為牛筋。

一九三三年，遠藤留吉將用醬油醃過的牛肉和蒟蒻取代牛筋，開始販賣「牛肉燒」。至於原本會稱作「收音機燒」，則有一說是當時的收音機是文明先進的象徵，有收音機的人就是走在流行潮流上的人，所以收音機燒代表著潮流尖端的食物。

兩年後，遠藤留吉受到兵庫縣明石市的鄉土料理明石燒的影響，用章魚取代了牛肉，取了「章魚燒」之名，第二次世界大戰後也改良了沾醬，結果大受好評，販賣章魚燒的小攤販暴增，據說一九五五年光是在大阪市就有超過五千家章魚燒店。

不過章魚燒廣為流傳至全日本各地後，各自發展成各地喜愛的口感，例如關東地區就偏好外皮酥脆的章魚燒，關西一帶卻傾向內外鬆軟黏糊的章魚燒。喜歡戰東日本、西日本的日本人當然開始認為對方的章魚燒是邪門歪道！

最大的戰爭應該可以說是東京的章魚燒連鎖店——築地銀章魚燒，築地銀章魚燒在製作過程中會使用較多的油，讓章魚燒的外皮更加酥脆，在從小吃慣鬆軟章魚燒的關西人眼裡的確是判若雲泥的兩種食物。

對章魚燒如此喜愛的關西民族，讓日本人產生了「關西人該不會家裡都有一台章魚燒機吧！」的都市傳說，在全日本各地也是如火如荼的謠傳著，日本知名市場調查網站在二〇一八年做了統計，近一千人的樣本數中，有百分之八十的關西家庭中擁有至少一台章魚燒機，明石燒有名的兵庫縣和章魚燒有名的大阪府是眾望所歸的第一名及第二名，這個都市傳說可謂所言不假呢！

# 09 電影裡常出現的幸運餅乾來自於日本的「辻占煎餅」？

歐美電影裡面常常在中式餐廳裡出現幸運餅乾，將餅乾打開後裡面放了一張寫著箴言或是運勢的紙條，這一直被認為是中國的傳統餅乾。但是幸運餅乾據傳是在江戶時代誕生，由移民至美國的日本人所帶去的「占卜煎餅」（辻占煎餅）。隨著第二次世界大戰日本移民者所經營的店舖轉手讓中國人經營，後期才有幸運餅乾是中式餐館代表物之一的印象。

這位移民至美國的日本人是山梨縣出生的萩原眞，他在一八七九年前往美國舊金山，並在一八八八年於舊金山中華街開了名為「大和屋」的日式料亭。後來在金門公園內舉辦的仲冬博覽會中申請開業的喫茶店獲得好評，即使仲冬博覽會結束也還持續營業著，並且在一八九四年於同一地區建造了美國第一座日式庭院。

因為當時的日式庭院非常稀奇，吸引了不少觀光客來參觀，同時萩原一家也販賣日本的茶和煎餅，來自於日本北陸地區（福井縣、石川縣、富山縣、新潟縣）名為「占卜煎餅」的和式菓子便是在此時進軍美國。

從1878年的《藻汐草近世奇談》就可以看到常出現在美國電影裡的幸運餅乾。
（篠田仙果 編 · 永島孟斎 畫／來源：國立國會圖書館）

占卜煎餅是日本在新年時用以祭祀神明的和式菓子，將寫有占卜籤詩的紙張折起來夾在煎餅的凹陷處，和歐美國家中式餐廳的幸運餅乾把籤詩包進餅乾內的樣子不同，餅乾本身也是以較有日式風味的味噌和芝麻為基底製成，口味也大相徑庭。

另外有趣的是占卜用的煎餅、昆布或是蘋果糖也被認為和吉原花街很有關係。當時在吉原裡的遊女們因為少有休閒活動，常常用占卜來打發時間。十九世紀後半的作家為永春水的作品中，就有描寫吉原妓樓中遊女和占卜菓子的文句。

一八七八年的《藻汐草近世奇談》三編下之卷中，也有出現烤著占卜煎餅的小販呢！

# 10

# 江戶時代曾經出現過吃到撐死的大胃王比賽

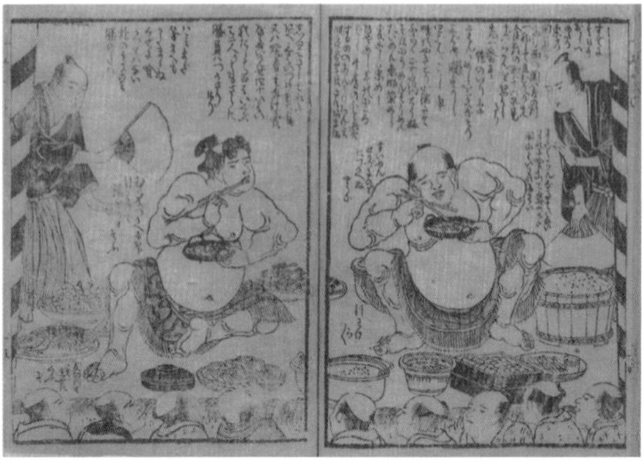

兩人面前看起來有米、有麵、有菓子，這一場吸引超多觀眾的大胃王比賽究竟最後勝者是誰呢？《是高是人御喰争 3 巻》（桜川杜芳著 · 北尾政美 畫／來源：國立國會圖書館）

電視節目常出現吃下一般人無法想像份量的大胃王比賽，總是令人嘖嘖稱奇，換作是缺乏糧食的古代想必是件難以想像的事情吧。

但是在國泰民安的江戶時代，為了感謝豐衣足食以及展現健康的體魄，居然舉辦過多次的大胃王比賽！其中最有名也留下最多文獻資料，非一八一七年在兩國柳橋的著名料亭萬八樓所舉辦的大胃王比賽莫屬了。

萬八樓大胃王比賽總共號召了兩百多位對自己的食量非常有自信的參賽者，在階級制度非常明顯的江戶時代，這是一場無論是農家、武士或是商人，不分職業貴賤皆可平等參賽的飲食武鬥會。

如同奧林匹克依照運動項目分門別類，大胃王比賽也分成和菓子、白飯、蕎麥麵、蒲燒鰻魚、酒共五個部門，接下來我們就來分部門介紹比賽的食物和優勝者吧。

**【和菓子部門】**提供饅頭、羊羹、仙貝、梅干、醃菜和甜酒等偏餐，參賽者可以選擇想吃的甜點，以吃下肚的總量定勝負。優勝者為五十六歲的丸屋勘右衛門，總共吃下了五十個饅頭、七條羊羹、三十個薄皮餅、十九杯茶。

**【白飯部門】**除了白飯，還可以搭配味噌、茶泡飯、辣椒和醬油等調味。四十一歲的三右衛門，將味噌茶泡飯六十八碗以及三百六十毫升的醬油裝進胃袋裡，獲得優勝。

**【蕎麥麵部門】**並不是岩手縣盛岡市有名的一口蕎麥麵的份量，而是十足的一人份蕎麥麵，比賽看哪位參賽者吃得最多。獲得優勝的是三十八歲的山口屋吉兵衛，吃下了六十三碗蕎麥麵。

**【蒲燒鰻魚部門】**令人流口水的高級蒲燒鰻魚定勝負的方式不是計量，而是計價。拔得頭籌的是五十三歲的吉野屋幾右衛門，他吃了價值高達一兩二分的鰻魚，以現在的物價來計算約是十五萬日圓。當時一碗蒲燒鰻魚約兩百文，大約吃了三十碗。

**【酒部門】** 據傳是當時最熱鬧的項目，判斷輸贏的方式也相當簡單，醉倒即出局。獲勝的酒豪是三十歲的鯉屋利兵衛，總共喝下了三十五點一公升的酒，相當於一個人就喝掉了五十八瓶大瓶裝的台啤呢！

狂熱又有趣的比賽，難免會不知道自己胃袋的底線。根據紀錄，松井源水吃了大量的生豆子和一公升的水後，感到腹部劇烈疼痛，當天就去世了。甚至也有人在比賽途中一口氣喝下一瓶醬油當場暴斃。

雖然也有人質疑吃下肚的數量或是活動本身只是杜撰，但其實不只是萬八樓大胃王比賽，江戶的郊外也有舉辦過飲酒合戰的紀錄。兩百年前風靡一時的大胃王活動，也算是一種讚嘆太平盛世的方式，更是代表了江戶的和平與繁盛。

11

# 為什麼日本餐廳都是提供冰水但壽司店卻是招待熱茶？

去日本的餐廳用餐時，你一定會發現幾乎所有的店家都會提供一杯冰冰涼涼的水，無論天氣是盛夏還是酷寒，除非特別要求，不然幾乎都是送上冰水。

其實這是受到好幾百年前的習慣所影響，在古代，冰塊是得來不易的東西，因為沒有冷藏保溫的技術，冰塊是個如同曇花一現、只有達官貴人才可以享用的珍貴食品。

清少納言是平安時代的女作家，透過她的作品《枕草子》可以一窺平安時期的生活風貌和宮中生活。〈清少納言〉．鳥居清長（來源：東京國立博物館）

平安時代女作家清少納言的隨筆集《枕草子》中，就出現了將冰塊削成片狀，再淋上用甘葛的樹脂煮成的汁液製作而成的宮廷甜品。當時既沒有冷凍庫也沒有製冰機，只能在高山上製作天然的冰室，貴族或是賓客要品嚐時，再從山上將冰塊運下來，為了可以吃一碗刨冰，必須耗上相當大的工程。因為這樣，冰塊自古至今都是代表提供給貴賓的最高敬意，才會有在餐廳裡提供貴賓冰水的習慣。

不過相較於餐廳提供冰水，壽司店普遍卻是招待熱茶，在台灣也相當知名的連鎖迴轉壽司店，也都會在桌邊擺置抹茶粉和手動熱水器，壽司和熱茶是一個組合的印象已深入人心。雖然也有習慣喝冰水配壽司的人在，但其實壽司店提供熱茶是有原因的。

像是鮪魚大腹、鮭魚壽司等人氣商品，都富含較高的油脂，冰水較難消解口中殘留的脂肪，生魚片的種類和口味也大不相同，為了能讓每一份壽司的精華被充分的感受，壽司店便提供可以解除口中油膩感的熱茶，利用熱茶將嘴巴內殘存的味道去除，如此一來便能以全新的感官品味下一份壽司。

熱茶除了可以去油解膩，熱茶的苦味和壽司的甘味也很相稱，不少高級壽司店會在茶葉上下足功夫，搭配最適合壽司的茶喔！

12

# 現在被當成是夏日風物詩的西瓜，其實在古代超級不討喜

日本的夏天有打西瓜大賽、有坐在日式緣廊吃西瓜配風鈴聲的詩情畫意，西瓜在現代的日本感覺像是充滿了快樂的夏日回憶。但是你知道鮮紅的果肉在古時候的日本人眼裡，就像是被剖開的肚子一樣非常不吉利嗎？

西瓜在地球上據說已經存在了四千年之久，但是日本卻是非常晚期才開始有西瓜的紀錄，有人說是室町時代（1336-1573）的葡萄牙人將南瓜和西瓜的種子一起傳入日本，江戶時代中期編撰的日本百科事典《和漢三才圖會》則指稱西瓜是中國的隱元禪師將其帶進日本。

西瓜傳入日本的時間是在距今四百年前左右，據《你不可不知的日本飲食史》（遠足文化出版）一書，西瓜傳入江戶的時期正逢計畫推翻幕府的慶安事件主謀者由井正雪因為叛亂失敗而舉刀自刃的隔年，在人們不熟悉西瓜的當時，剖開西瓜出現的紅色果肉，就好像由井正雪被剖開的肚子裡的紅色血肉一般不吉利，紛紛謠傳是由井正雪的冤魂和詛咒讓西瓜變成鮮紅色，西瓜一度成為連庶民都唾棄的不祥食物。

月岡芳年所繪製的西瓜合戰圖中可以看到依照頭巾分成紅白兩隊，男人們一臉認真的搶著水中的西瓜，不知道最後是哪一隊獲勝？〈於御浜御殿徳川大樹御船手西瓜合戦上覧之図〉（來源：國立國會圖書館）

乏人問津的西瓜一直到江戶時代中後期才開始慢慢出現人氣，羽田、八王子、世田谷等地都是當時的西瓜產地，採收後用小舟一船一船的運往江戶，江戶的人們再切成半月型在市集販賣。月岡芳年甚至還曾畫出在河中舉行的西瓜合戰，西瓜在江戶時代後期已經融入在江戶人的生活之中，也漸漸成了日本人的夏日風物詩之一。

13

# 因為失敗而出現的日本美食

你有沒有原本打定主意要煮某一道料理，結果因為火候掌控的不好或是臨時缺了幾樣食材，煮出來的東西雖然完全不在預期內卻意外好吃的經驗呢？拉麵界小霸王豚骨拉麵和日本家庭餐桌上的定番料理馬鈴薯燉肉，其實就是在這種美麗的意外之下誕生的產物。

豚骨拉麵是利用豬骨長時間高溫熬煮出來的濃郁乳白色湯頭，但其實最一開始的湯底並不是現在熟悉的白湯，而是清湯。一九四七年，福岡久留米市一家名為「三九」的拉麵店，店主在熬煮湯頭時順便外出購物，但是卻忘記關小火了，等他採購回來，發現整鍋湯都因為長期間大火熬煮而呈現白濁狀，本來想要把整鍋湯都丟掉，但在此前先嚐了一口，沒想到比起清湯更加驚為天人，於是白濁系湯頭的豚骨拉麵反而成為主流。

馬鈴薯燉肉的誕生也有一個非常有名的軼事，據說是缺乏食材而陰錯陽差產生的美食。幕府末年至明治初期時，日俄戰爭的聯合艦隊司令官東鄉平八郎，因為在英國留學時吃過當地製作的紅酒燉牛肉，歸國之後念念不忘這道美食，因此吩咐軍艦上的料理長做出一樣的料理。

但是沒有出國留學過的料理長實在不知道紅酒燉牛肉要怎麼做，手邊沒有紅酒和奶油，那就用醬油和砂糖代替吧！雖然做出來的成品和紅酒燉牛肉的味道大相徑庭，但是卻非常好吃，深得東鄉平八郎的心。馬鈴薯燉肉的備料和咖哩飯相似，食材的保存期間比較長且也適合大鍋煮，和海軍咖哩飯一樣也成為日本陸海軍的常備料理之一。

雖然豚骨拉麵和馬鈴薯燉肉都是意外誕生的食物，但也因為發生了這兩起美麗的錯誤，讓全日本甚至是愛好日本食物的各國老饕至今也為之瘋狂呢！

# 14

# 薄口醬油的含鹽量其實比濃口醬油還要高喔

台灣戰南北、日本戰東西，你一定聽過東日本和西日本有很多天壤之別的不同，除了電器的赫茲頻率、咖哩裡面的肉、計程車的顏色、火葬後骨灰的收納等等，無論是生活或是飲食習慣都大不相同，說到飲食就必須提到食物的基本調味之一「醬油」。

日本人普遍認為關東人吃的口味比較濃厚、關西人吃的比較淡薄，口味的差異要從江戶時代開始說起。江戶時代初期的主要調味料是味噌，醬油的釀造則因為手續繁雜，所以一直以來都是仰賴京阪地區製造再運往江戶一帶，因此醬油的價格相當高昂，在當時是庶民負擔不起的珍貴調味料。直到江戶時代中期開始，紀州（和歌山）的醬油釀造家為了節省原料費和輸送費用，進駐千葉縣和茨城縣一帶，在關東地區開始製造醬油，也就是這個時候醬油開始在民間普及。

依照製造的方法不同，醬油總共分成三大種類，依序是關東製造的濃口醬油、關西的薄口醬油以及東海地區釀造的溜醬油。

聽到關東的濃口醬油，下意識會認為比薄口醬油還要鹹吧！就算是在日本，也還是流傳著江戶人幾乎都是打造江戶城的勞動者，所以需要大量的鹽分補給維持體力；相較之下京阪地區的貴族較多，習慣吃典雅清淡的食物的說法。但是你知道嗎？實際上薄口醬油的含鹽量比濃口醬油還要高喔！

濃口醬油和薄口醬油的濃和薄其實指的是「顏色的濃淡度」，濃口醬油使用大豆和小麥一比一份量經過充分地發酵製作而成，而薄口醬油則是使用相同的原料，但為了抑制發酵熟成的時間，而使用濃度較濃的鹽水，也因此釀造出來的薄口醬油比濃口醬油顏色更淺，但是鹽分卻高出百分之二左右。

隨著關東地區開始製作出濃口醬油，也漸漸發展出蕎麥、蒲燒鰻魚和壽司的飲食文化，替日本現代飲食打好了基礎，至今市售百分之八十的醬油也是濃口醬油。

除了醬油的顏色和口味的濃淡，關東、關西的水質也不一樣，關東水質偏硬而關西水質偏軟，主要是受地理環境影響水質的硬度，也因此產生口味和高湯味道的不同。關東喜好柴魚高湯，關西則是昆布高湯，軟水煮昆布湯時可以引出昆布的鮮美滋味，但是使用硬水卻無法完美呈現這個味道，因此關東大多使用鰹魚做為高湯基底。

也因為這樣，人氣泡麵日清咚兵衛豆皮烏龍麵為了滿足關東和關西兩地的饕客，便做出了東日本和西日本兩種不同版本的泡麵。要分辨不同之處，除了外包裝盒上會註記英文字母「W」表示西日本、「E」表示東日本外，湯粉包的顏色也不一樣，西日本是綠色包裝、東日本是藍色包裝。

日清咚兵衛豆皮烏龍麵還有北海道版和標示著「T」的台灣版喔！至於哪一種比較好吃？在哪裡出生的人總會覺得自己故鄉的口味最好吃，如果有機會一次買齊各地的口味，不妨比較一下自己是關東派還是關西派吧！

# 15

# 想吃炒麵也想吃麵包，小孩子才做選擇！炒麵麵包的誕生

炒麵麵包的存在就是澱粉上面再加澱粉，但是不少外國人包括小時候的我都曾經被動漫中的炒麵麵包吸引，很想知道到底是什麼味道。（來源：photoAC）

炒麵麵包是日本國高中生學校福利社裡的熱門商品，因為太有人氣，也常出現在校園漫畫之中，甚至是麵包超人系列裡也出現過炒麵麵包超人。

熱狗麵包裡夾著滿滿的日式炒麵，雖然在日本是人氣商品，但是卻在海外引起過熱烈的討論，對於外國人而言，無法理解在碳水化合物上面加上另一種碳水化合物是什麼概念，就像很多人也不能理解拉麵配白飯、餃子配白飯、拉麵配餃子這種主餐配主餐的飲食習慣。甚至在二〇一九年日本的情報調查網站做了「最不喜歡的日本麵包排行榜」，炒麵麵包得了最不討喜的第一名！

麵包是在十六世紀中期從葡萄牙傳入日本，一五四三年戰國時代大名織田信長吃下麵包的事情還被記載了下來。到了一八九四年甲午戰爭開戰，容易攜帶、保存期限又長的麵包取代飯糰成為軍糧，開始引進設備並大量製作麵包，日本人吃麵包的習慣也在此時定下基礎。至於在煙火大會的小攤販中很受歡迎的炒麵，則是起源自第二次世界大戰後。據說當時因為小麥粉很貴，所以才會加入大量的高麗菜來增添份量，但是容易出水的高麗菜把麵的味道變淡了，於是再加入味道濃厚的醬汁炒到乾。

那麼，到底為什麼會突然將上述這兩種原本毫不相干的食物結合在一起吃呢？大家應該有站在點餐櫃檯前，這個也想吃、那個也想點的選擇障礙經驗吧，於是在一九五〇年東京的野澤屋商店，因為一位喜歡吃炒麵也喜歡吃麵包的客人決定他全都要，便向老闆提議把炒麵夾在麵包裡之後，因為新商品大受好評，炒麵麵包開始在全日本流行。

這個方法實在是太聰明了，如此一來吃炒麵時就不用另外拿筷子，一手拿著麵包還可以品嚐到炒麵，比起夾著果醬餡的麵包更有飽足感，西式的麵包裡又增添了一點日式風味，在牛奶一杯十二日圓的年代，炒麵麵包只要十五日圓，可見是相當划算的選擇。

可惜據傳是炒麵麵包始祖的野澤屋在二〇一〇年閉店，但是野澤屋所創造出來的炒麵麵包在日本多數的麵包店或是便利商店都找得到。如果覺得拉麵配白飯的雙重碳水化合物太有罪惡感，那麼要不要試試看炒麵配麵包呢？

# 16……

# 日本第一個廣告宣傳語！土用丑日要吃鰻魚飯啦

說到節分就會想到惠方卷，情人節就要送巧克力，聖誕節則是要吃肯德基，這些是日本人說到節日就會聯想到的食物，就像台灣說到中秋節就要烤肉吃月餅一樣稀鬆平常。無論是惠方卷、巧克力或是肯德基，其實都是商人的陰謀，利用宣傳及廣告將食物與節日結合在一起，創造出的新型日本飲食文化。

其中據傳是日本最早的宣傳廣告用語是「土用丑日要吃鰻魚飯」！土用指的是立夏、立秋、立冬及立春各個時節的前十八天。以陰陽五行思想為基礎，認為夏天是火、秋天是金、冬天是水、春天是木，季節與季節之間交替的日子則是土，稱作土用。以前的日本是用地支來算日子，所以土用丑日就是指季節交替的十八天內的丑日。

日本現存最古老的詩歌總集《萬葉集》中提到接近夏日的季節變化容易體衰，必須吃營養價值高的鰻魚補身體，到了江戶時代的安永、天明年間（1722-1788），在土用丑日吃鰻魚開始變成一種全民習慣。

在江戶時代某一個業績慘淡的夏日午後，鰻魚業者和當時的醫師同時也是發明家的平賀源內抱怨夏天都沒人想吃鰻魚，希望平賀源內可以提供他一些增長營業額的方法。聰明的平賀源內腦筋一動，也許是想到了《萬葉集》中的那段文字，他便建議鰻魚業者在門口貼張寫著「今天是丑日，土用丑日是鰻魚日，吃了鰻魚就不會輸給夏天」的牌子，吸引路人目光。

果然貼出來之後引起來一連串的商業效應，路人紛紛被傳單給說服，鰻魚小販店內繁盛、業績斐然，數錢數不完，連帶其他家鰻魚業者也爭相模仿，結果土用丑日就成為必吃鰻魚飯的日子，至今仍有許多店家會在土用丑日這一天，在門口貼上一樣的宣傳語來吸引顧客呢！

在「薄口醬油的含鹽量其實比濃口醬油還要高喔」這篇有說過關東和關西的飲食及生活習慣種種不同，其中連鰻魚的切法也不一樣。江戶地區人口非常多，大量的廢水廚餘進入河川中養肥了鰻魚，所以關東地區的鰻魚普遍油脂含量比關西地區的鰻魚高。因此關東地區會將鰻魚從背部剖開，方便烤熟魚腹的脂肪，同時也會再蒸一次以去除過多的油脂；關西地區則是剖腹直接烤熟。

話雖如此，其實關東剖背、關西剖腹的理由還有一個有趣的說法，那就是當時江戶地區武士比較多，剖腹對武士而言有著不好的象徵因此改為剖背；而關西地區則是商人較多，為了讓客人感受到店家「推心置腹」的真誠情感，所以選擇剖腹。

# 17

# 納入「噁心食物博物館」的日本國民食物納豆

論台灣味道強烈的食物，臭豆腐一定榜上有名，而在日本想必就是納豆了吧！瑞典的「噁心食物博物館」中，展示了世界各國普遍認為噁心到難以下嚥的食物，除了蝙蝠、羊眼汁和長著蛆的起司之外，納豆居然也被列為一員！

與豚骨拉麵、馬鈴薯燉肉一樣，納豆也是在因緣際會下出現的食物！據說在戰事頻繁的十一世紀，豆子普遍做為軍糧食用，當時將豆子放在稻草上並以馬匹運送，豆子因馬匹的體溫加上長時間的發酵變成黏稠狀，雖然味道很臭但是一試吃卻驚為天人。這一個說法並沒有確切的證據，但納豆確實是將豆子放在稻草裡，藉由稻草中的納豆菌適溫適時發酵後得來的產物。

至於納豆為什麼叫做納豆，最有力的說法是寺廟存放物品的「納所」裡，同時也會擺著製作豆子的材料，因此取名為納豆。

在有著長年禁肉令的古代，由於納豆的價錢低、一整天都有提著籃子販售的小販以及可以補充平時缺乏的蛋白質等因素，江戶時代一直都是家家戶戶餐桌上必備的食材，一直到現代也都還有許多家庭會準備納豆當作拌飯的食材。

以納豆自豪的地方應該就是赫赫有名的茨城縣水戶市了吧！從明治時代開始生產引以為豪的水戶納豆，甚至在每年三月的水戶之日舉行邁入第十九屆的「快吃納豆世界大賽」，號召一百多人舉行看誰吃納豆最快的比賽。二〇一九年的總決賽是由三十二歲的神山翔平以二十秒十三的速度吃下了三百五十公克的納豆，獲得了快吃納豆世界大賽冠軍。

江戶時代的人們每天早上都很期待納豆小販的到來。〈人倫訓蒙図彙〉（源三郎 畫／來源：國立國會圖書館）

18……

# 為什麼燒肉店的店名常常是OO苑、蕎麥店是OO庵、拉麵店則是OO軒？

走在日本的街區，看到店名為「敘敘苑」、「平成苑」等苑結尾的店家通常都是燒肉店；「一番軒」、「來來軒」多數為拉麵店；蕎麥麵店則時常以「庵」為店名的尾字。不管是燒肉的苑、拉麵的軒或是蕎麥的庵，這些命名方式其實都有緣由。

燒肉在日本開始發展的時間較晚，和飛鳥時代（592-710）佛教傳入日本，使得日本貴族開始養成不殺生、不食牲畜的飲食習慣有關。到了培里黑船來襲打開了鎖國的大門後，才慢慢開始出現吃獸肉的習慣。

不過理想和現實還是有些差距，貴族們就算能堅守不吃獸肉的規範，但庶民們卻常因為糧食不足而苦惱，也就只能在檯面下偷偷的吃捕來的兔肉、鹿肉甚至是鶴肉。為了可以光明正大的吃肉，還出現了肉類暗號，例如鹿肉的代號為紅葉、豬肉的隱語為牡丹、山豬肉又叫做山鯨，可以說是標準的掛鯨魚頭賣山豬肉。

正是因為這些食肉禁令，導致檯面上的日本燒肉文化到了江戶時代後期、明治時代初期才出現，當時伴隨著戰爭因素，當作軍糧的牛肉消費量大增，也開始出現多家食品加工廠。第二次世界大戰後，許多韓國人移居日本，除了在食品加工廠上班，為了生計，也有許多韓國人開始經營韓式料理店，據說燒肉料理就是從這時候開始增加。

在韓國，「苑」這個字指的是社經地位高的人聚集在一起的場所，將燒肉店取名為「○○苑」是期望店裡的顧客都是身份高貴的有錢客人，也有著祈求商業繁盛之意。也因為這樣的由來，許多燒肉店都會將尾字取名「苑」。

至於蕎麥其實歷史也相當悠久，根據平安時代初期的史書《續日本紀》指出，蕎麥因為比稻米好栽種，因此多次當作預防飢荒的作物，但蕎麥麵卻是到十六世紀末之後，將蕎麥粉捏成條狀或是在蕎麥粉中混入麵粉再製作成麵條狀才開始在全日本流傳。

時常取名為「○○庵」和江戶時代淺草的寺院道光庵有關。當時有一位和尚的手打蕎麥麵非常的好吃，好吃到常常有人慕名而來，結果因為太多人為了蕎麥麵而非虔誠的心態前來道光庵，廟方覺得製作蕎麥麵不是僧侶的義務，反而會成為修行的絆腳石，因此禁止繼續製作蕎麥麵。因為道光庵蕎麥麵的好評，結果附近的蕎麥麵店便開始取「○○庵」做為店名。

說到日本美食一定不能忘記拉麵，雖然拉麵已經和日本劃上了等號，但其實拉麵的起源來自於中國，據傳第一位吃到拉麵的是水戶黃門德川光圀。當時德川光圀請來了中國儒學家朱舜

蕎麥麵（來源：天岡侑己）

拉麵（來源：梅用知世攝）

水傳授儒家思想，他也順便將中國的飲食文化分享給德川光圀，其中便有以藕粉製成的拉麵，雖然做法和現在的拉麵大不相同，但被視為日本人吃到的第一碗拉麵。

日本第一家拉麵店是一九一〇年於淺草開業的中華料理店「來來軒」，當時的口味是醬油拉麵，一碗約三百日圓，每天都大排長龍，生意非常好。和蕎麥麵以「庵」當作店名的理由一樣，後來也有許多家拉麵店和中華料理店為了沾來來軒的光，便也開始將自家的拉麵店或中華料亭取名為「〇〇軒」。

# 19……

# 遇到天狗時吃鯖魚可以保住小命

天狗是日本民間信仰中是神明也是妖怪的謎之生物。最著名的形象是身著山中修行者的山伏裝，紅色的臉上有著又大又長的鷹鉤鼻、背上長著翅膀、踩著一齒木屐，把小孩帶到山裡面藏起來，像虎姑婆一樣是眾多孩童懼怕的生物。

日本流傳至今最古老的正史《日本書紀》中就有記載西元三六七年，天空中伴隨著巨大的聲響劃過一顆火紅的大彗星，地面上的人類們紛紛說：「是流星？是地雷？」，此時一位剛從中國學習佛法的海歸僧侶抬起頭來緩緩地說：「不、不是流星，是天狗！」據傳是歷史上出現最早的天狗文字紀錄。

現在大家對天狗的想像就是上述那紅通通的臉，大鼻子、拿著羽毛扇子的樣子，但古早的日本對於天狗的形象並沒有一定的說法。古人認為多數的時候天狗會化身成僧侶的型態、有時候會化身成小孩，在飛行的時候則會化身成老鷹。

同時與酒呑童子、玉藻前一起並列為日本三大妖怪的大天狗，也被認為是法力無邊的恐怖怨靈。

你聽過吸血鬼怕大蒜、狼人怕銀彈、殭屍怕糯米，那麼當我們遇上天狗的時候，有沒有什麼東西是天狗所懼怕的呢？

有的，那就是鯖魚（青背魚、秋刀魚、沙丁魚等都可以）。古時候如果小朋友被天狗抓走，通常不會永遠消失，而是銷聲匿跡一小段時間後，在莫名其妙的地方被找到。長野一帶相信天狗最懼怕的東西就是鯖魚，因此當有小孩失蹤，大人們都會在山林裡面喊著：「吃了鯖魚的小朋友在嗎？」利用鯖魚讓天狗加快放小孩回家的時間。

鯖魚除了可以防天狗，在古代也會被當作祝賀的禮品贈送。江戶時代的中元節，都會選擇「刺鯖」做為送禮的禮品，刺鯖是剖背的鹽漬鯖魚再次經過鹽漬後風乾，將兩尾魚用竹籤串起來的乾貨。

中元節除了要祭拜祖靈，更是要對還健在的雙親表示祝福，當時刺鯖便是熱門的伴手禮，中元節送禮的習慣也一直流傳至今。

# 20

# 吃一顆固力果牛奶糖要跑三百公尺才消耗得掉

經過熱鬧非凡的大阪道頓堀時，不難找到已經成為地標的固力果跑者看板吧！許多遊客都會擺出跟固力果跑者一樣的姿勢拍照留下紀念，這個姿勢的由來其實和一九二〇年代固力果在日本耳熟能詳的廣告語「吃一粒跑三百公尺」有關。

一九一九年，固力果創始人江崎利一從煮牡蠣的湯汁採取糖原，並且加到牛奶糖裡做成標榜富含營養成分的「固力果」[1]。一九二二年二月十一日，在大阪的三越百貨開始販售，因此每年的二月十一日是「江崎固力果創立記念日」。

一九二七年為了更加進攻小孩子市場，在固力果商品上還附加了小玩具，被視為日本最早的食品玩具始祖。「吃一顆就可以跑三百公尺」的宣傳廣告語更是紅遍全日本，這句標語的意思是一顆固力果牛奶糖提供跑三百公尺的能量。經過計算，一顆固力果牛奶糖大約十六點五卡路里，一位二十歲的男性大概一分鐘可以跑一百六十公尺，跑步一分鐘約消耗八點七卡路里，得知固力果牛奶的熱量約可以提供跑三百公尺的能量。

順帶一提，在江戶時代就有藥品小販會在各地遊走賣藥，他們會趁機搜集一些各地的名產或情報當作買藥附贈的禮品給平常沒辦法旅行的民眾嚐嚐鮮。

固力果的跑者姿勢來自於創立者江崎利一看到附近的小朋友玩耍跑步時，雙手上舉衝到終點線的姿勢為靈感，創造了突破終點線達成目標的形象看板。

第一代固力果看板於一九三五年設置，但是臉上的表情據說被民眾反應太過恐怖，所以江崎利一便重新設計第二代的跑者形象，依照一九二三年在大阪進行的遠東運動會中大顯身手的菲律賓選手Fortunato Catalon、馬拉松之父金栗四三和巴黎奧林匹克參賽者谷三三五選手等陸上競技選手的姿態，慢慢的改善固力果跑者的表情和動作，才演化成至今大家所熟悉的形象。

1：固力果的名稱取自糖質的日文グリコーゲン的前三個假名。

# 21

# 花見糰子的誕生和花超多錢辦賞花大會的豐臣秀吉

花見糰子的配色可愛又富有意義，在賞花時期常看見手拿花見糰子拍照的日本人或是觀光客，非常有人氣。（來源：photoAC）

現代日本說起賞櫻，多指染井吉野櫻。櫻花從開花至滿開僅有短短兩週，因此賞花勝地總是人山人海，若是與公司同事去賞櫻野餐，菜鳥甚至要提早幾十個小時去用野餐墊搶位置，以滿足前輩們的賞花心情，可不是那麼悠哉又風雅呢。

說到可以代表日本的花卉，應該會想到櫻花和菊花。雖然法律上沒有明定，但這兩種花都是可以代表日本的國花，只是菊花比較容易聯想到日本皇室，櫻花則是最具日本風味的精神象徵之一。

賞櫻花的時候，除了帶豐富的便當、暢飲啤酒以外，也會吃依序是粉紅色、白色和綠色三種顏色的花見糰子。關於此配色的意義，有一說是指它們各自代表春天的櫻花、冬天的白雪以及夏季的綠意盎然。咦、怎麼少了秋天？因為在日文中「沒有秋天」的發音似於「不會厭煩」和「商賣」之意，也就是一面吃著花見糰子賞櫻永遠不感到厭煩，同時也祈求商業繁盛之意。

那各位可知道這種把酒言歡的宴會型賞花活動是安土桃山時期豐臣秀吉帶領的潮流嗎？其實從奈良時代（710-794）開始，貴族就有賞花的習俗，只是當時賞的是梅花而不是櫻花。貴族會在庭院裡種植由遣唐使帶回來的梅樹，在梅花盛開時歌詠，並舉辦閒情雅致的梅花宴。在當時僅僅兩週就凋零的櫻花，多半都有感嘆美好事物終結的負面意味。甚至因為冬季轉變成春季之時，是冷暖差最大的時期，不少人因此生病，而有著疫病之神會隨著櫻花凋謝而四散到人間的傳言。

雖然櫻花有著這樣的故事，並不代表日本人不尊敬櫻花。甚至櫻花的日文サクラ也有著神聖之意。「サ」代表稻田之神，「クラ」表示神明所在的場所，組合起來的意思就是神明下凡時所在的地方，因此櫻花盛開時就是神明下凡到人間的證明。

平安時代初期編撰的史書《日本後紀》也記錄了嵯峨天皇因為非常喜愛地主神社的櫻花，因此舉辦了「花宴節」之事。賞櫻成為天皇每一年的例行公事，貴族們也紛紛效仿，開始在庭院裡改種櫻花，賞櫻文化便慢慢的深植人心。

豐臣秀吉想必非常喜歡賞櫻，他在一五九八年舉辦了一場盛況空前的醍醐花見活動，參加者高達一千三百人，女性還得盛裝打扮並至少換裝兩次，據說當時所有的服裝成本換算成現在的價錢竟然高達三十九億日圓！

在豪華盛大的醍醐花見活動中，當然也開設熱鬧非凡的茶會和歌會，當時準備的眾多小點心之一就是花見糰子。三種顏色的花見糰子有別於總是以白糰子沾醬油的形象，在醍醐花見中很受歡迎。

豐臣秀吉舉辦的賞花宴讓賞櫻花吃和菓子的習慣漸漸廣傳，三種顏色的花見糰子有著如前述詩情畫意的意思，也因為色調可愛，變成時至今日日本人賞花時也會品嚐的小點心之一。

22

# 便當裡的醬油瓶為什麼要做成魚形呢？

相信很多人都有曾在百貨公司的生鮮賣場裡，緊盯著貼半價標籤的工作人員，並且趁他一貼上標籤時敏捷的拿走架上最後的生魚片或醬燒豬肉便當的經驗吧！回到家裡興奮的打開包裝，找了小碟子來裝醬油和芥末，此時在便當盒的一角發現了一隻裝著醬油的魚形容器，捏著魚的肚子，醬油就從魚嘴中噴出來，實在很療癒呢。

但是這個裝醬油的容器到底為什麼要做成魚的樣子？他的由來又是什麼呢？

一切的起源要從一九五四年報紙上刊登了「從今以後是聚乙烯的時代」開始，魚形醬油容器的創業者渡邊輝夫閱讀了這篇報導後，認為當時附在便當裡用來裝醬油的瓶子應該全面改成聚乙烯。當時為了講究便當的高級感以及尚未開發出純熟的塑料容器技術，醬油瓶幾乎都是用玻璃或陶器，雖然美觀又環保，但是容易破掉、成本又太高，渡邊輝夫認為醬油容器是消耗品，改用聚乙烯製作一定會大賣。

渡邊輝夫原本想將醬油容器做成長筒狀，也方便於開發量產容器的機器，但後來仔細想想，當時附醬油的通常都是壽司便當，說到壽司就會聯想到魚，說到魚又會聯想到鯛魚，好，那就來做成雕魚的形狀，這樣民眾在買壽司便當的時候也一定會會心一笑吧！

在新冠肺炎肆虐的時期，魚型醬油瓶除了拿來裝醬油，也有廠商發揮新創意把抗菌液裝進魚型醬油瓶裡，做成隨身攜帶的防疫武器。（來源：photoAC）

原本是廣島縣出生的渡邊輝夫聽從女兒的意見，認為大城市的人會比較喜歡新穎的東西，所以進軍飲食文化發達的大阪，設立旭食品工業公司。

一九六〇年代鐵道普及化，鐵路便當的需求也大大提升，魚形醬油容器變得非常搶手，除了和鐵路便當合作以外，許多百貨公司的生鮮賣場也紛紛要求合作。魚形醬油容器便開始流行至全日本各地，幾乎每個便當裡都會放著一個魚形醬油容器。

隨著便當的需求增加，旭食品工業公司也開始開發豬肉便當裡的豬形醬油容器，或是葫蘆形狀，甚至是看起來高級感滿分的金色醬油容器，據說不單單只是日本，歐美國家的訂單也非常多呢！

# 23

# 仙台人反而不太吃牛舌!?

一說到仙台，可能有人會聯想到戰國知名武將獨眼龍伊達政宗，也有人會想到毛豆冰沙、毛豆大福，或是夏日祭典七夕祭！當然仙台的名物非常多，除了上述經典的代表物，還有一樣，就是在商店街內總是大排長龍的牛舌店！

就好像淡水人最怕被問到哪家阿給好吃，仙台人也怕每次對話的時候都被問「吃過哪間仙台的牛舌」，其實仙台人沒有你想像中那樣常吃牛舌。仙台當地的媒體就曾秉持著實事求是的精神，在二〇一九年進行街頭問卷調查，訪問了兩百二十一位仙台縣民吃牛舌的頻率。

結果顯示以一年吃一至兩次的頻率為最高票，再來是半年一次，第三高票的居然是根本不吃！為什麼生長在充斥著美味牛舌的仙台卻可以忍受誘惑呢？其實就和台南人早上也不是每天都喝牛肉湯一樣，價錢當然是一個考量，慕名而來的遊客總是大排長龍讓當地人敬而遠之也是原因之一。

為什麼牛舌會在仙台發祥呢？其實它是第二次世界大戰後才開始成為仙台的名物之一。一位燒鳥屋「味太助」的初代老闆佐野啓四郎除了販賣烤雞串以外也嘗試了許多新菜單，但據說他只要一推出新菜單，馬上又會被其他店家學走，於是佐野啓四郎想要找到一個其他店家模仿不來的口味。1

當時牛舌並不普及，但是吃過的人都讚不絕口，佐野啓四郎嘗試了之後也驚為天人，他認為這個部位經過好好的料理之後一定會大受歡迎，但偏偏牛舌的量和日本製造的壓縮機一樣非常稀少，佐野啓四郎只好四處奔波搜集各地的牛舌製作出日本人會喜歡的口味。加上當時日本人喜歡三菜一湯的定食，佐野啓四郎做出從開發至今就沒有變過的牛舌定食，包含了厚切牛舌、牛尾湯、兩種漬物和麥飯。

牛舌始祖老店「味太助」現在仍有營業，並且也開了多家分店，有興趣的人也可以去試試看仙台人一年僅吃一兩次的牛舌喔！

1：另有一說為當時美軍進駐日本，美軍吃完牛肉後剩下大量的舌頭、內臟等直接丟棄，因為戰爭而糧食不足的日本人覺得太過浪費便嘗試將牛舌烤來吃，發現了牛舌的美味。

# 24

## 肉舖為什麼會賣可樂餅？颱風天為什麼要吃可樂餅？

偶爾我們會在日劇裡面看到主角工作了一整天，拖著疲累的身心走在回家的路上，沿途經過了商店街一隅的肉舖，看著櫥窗內的可樂餅想著到底要不要買一個回家，此時老闆娘就會滿面笑容地出現和主角打招呼，一面將熱騰騰的可樂餅裝袋一面遞給主角，眨著眼睛說：「別跟老頭子說！」這樣感動人心的畫面吧！

雖然我們都把焦點聚集在老闆娘的溫暖和主角泛淚的眼眶，但是為什麼賣豬、牛、雞肉為主的生鮮肉舖會賣可樂餅呢？這個問題相信也困擾了日本人或是全世界的人類已久，甚至日本放送協會NHK的節目還做了一集特輯介紹。

可樂餅就是指用絞肉和馬鈴薯製成，炸的酥酥脆脆，來自於法國料理的配菜。在大正時代和豬排、咖哩飯並列三大洋食，而且當時的奶油可樂餅還是比豬排、牛排貴上一倍的高級料理，是庶民們無法輕易出手的食物。

到了一九一七年，東京有家名為「長樂軒」的店家在菜單上新增了價錢親民的配菜可樂餅，一九二七年有位精肉店店主阿部清六，他用自家賣相不太好的肉切成碎末再拿去炸，花了兩年的時間調整絞肉和馬鈴薯的完美比例，並且和同業分享他的食譜，原本庶民覺得難以接近的高級可樂餅瞬間在街頭巷尾的肉舖都可以用更便宜的價錢吃到，大受歡迎，讓全日本各地的肉舖紛紛效仿。

順帶一提，北海道厚澤部町以名產馬鈴薯品種「五月皇后」試做了自稱世界第一大的可樂餅，並在每一年的夏季活動舉辦現炸約直徑兩公尺的超大可樂餅讓現場的兩千多名觀眾分食著吃。

日本人還有一個網路上流傳已久，颱風天就是要吃可樂餅的謎樣行為。這是在二〇〇一年出現在日本網路論壇一個關於颱風天的文章回覆：「保險起見，買了十六個可樂餅，現在已經吃了三個。」讓颱風天吃可樂餅成為鄉民必備的行程，現在也因為網路的發達影響了更多人在颱風天購買可樂餅的慾望，每每到了颱風天，肉舖或是超市的可樂餅總是銷量大增呢！

# 25

# 牛丼御三家之一すき家的牆壁幾乎都是紅磚？

在白飯上放煮得甜甜鹹鹹的薄切牛肉，拌著洋蔥、青蔥和醬油，如此簡單又美味的料理就是牛丼。牛丼的起源是以牛肉火鍋和丼飯為原型結合而來的食物，由牛丼御三家的吉野家創辦人松田榮吉命名，吉野家於一八九九年在東京日本橋開業，由於價格低廉又上菜快速，吸引不少顧客光顧。

牛丼御三家分別是吉野家、松屋和すき家（SUKIYA），其中神奈川縣橫濱市所發祥的すき家是日本國內店鋪數量最多的牛丼連鎖店，根據二〇一九年的紀錄，すき家的分店就多達一千九百三十間店，同時也積極進軍海外市場，台灣目前也有五十二間分店。

不管是在台灣或是日本，你有發現すき家的外牆幾乎都是紅磚造型嗎？

明治時代之前的日本有長時間的禁止食肉令，當日本深鎖的大門被打開後，愈來愈多外國人進駐日本，愛吃肉的外國人漸漸影響日本當地人的飲食習慣。橫濱從日本開國以來便是非常多外國人聚集的場所，因此也有人說吃牛肉的文化是從橫濱開始。

すき家紅磚圖。（來源：梅用知世攝）

一九八二年十一月，第一家すき家在牛肉文化盛行的橫濱開店，因為橫濱有名的開港紀念會館及紅磚倉庫的外觀都是以紅磚打造，すき家延續了代表橫濱風格的紅磚造型，也在招牌上放了開港紀念會館的鐘樓，非常具有橫濱的氣氛。

所以不管到了哪裡的すき家，大部分的分店都還是會遵照橫濱第一號店的橫濱風外觀，紅磚外牆便成為すき家標準配備。

# 日本

## 奇妙知識
## 不思議

# CHAPTER 3

## 歷史篇

01

# 你知道平安時代的日本女性，一年只會洗一次頭嗎？

現代人家家戶戶都有浴室，還有讓頭髮柔順有光澤的洗髮精，甚至隨著超快乾負離子吹風機的誕生，讓洗頭這件事情相較之下變得不那麼麻煩。那麼，在超厲害的吹風機和洗髮精發明之前，古代人是怎麼洗頭、又是多久洗一次頭呢？

在古代，沐浴和洗髮與宗教的淨身有著密切的關係，庶民就算覺得頭髮很黏很髒，也不能隨意洗頭。常看大河劇、歷史劇的話應該不難想像，古代女性的髮型幾乎都是梳得高高鼓鼓的，無論是平安時代流行的大垂髮、還是江戶時代常見的髻，或多或少都需要頭皮冒出的油脂方便頭髮定型。因此，頭髮出油在當時為了束髮，反而是一件很稀鬆平常的事情，甚至當自己的頭髮不夠油時，還會抹上蠟燭的蠟油、松脂或香油，除了可增加定型度，也有除臭的效果。

平安時代貴族女性做為美人的條件之一，是留著又長又黑的秀髮。當時比起長相，頭髮更是引起異性注意、並且展現自己美麗的象徵。同時人們認為頭髮內寄宿著神明，因此洗頭是一件神聖的儀式，也因為這個原因，貴族一年僅能洗一次頭。

到了江戶時代，因為好發火事，庶民的住處並沒有私人的衛浴設備。若要洗頭，由於非常耗時耗力又難乾，會選擇好天氣、易風乾時為洗髮日[1]，女性會在長屋的空地裡用大木盆裝滿水來洗頭。就算當時有湯屋（公共澡堂），也因為初期只有蒸氣浴和浴缸，熱水也不是隨時都可以使用，因此並不適合做為洗頭之用。

油膩的長髮洗起來耗時又不便，從江戶時代末期的喜田川守貞所撰，介紹江戶、京都、大

古時候洗頭髮的日子要以占卜決定，甚至一年只能洗兩三次頭，穿越到未來的平安時代女性一定對現代每天洗頭的人感到訝異吧！〈江戶名所百人美女 今川はし〉．歌川豐國（來源：國立國會圖書館）

阪之風俗特色的《守貞謾稿》所記載，推測江戶時代中期的江戶人一個月洗一至兩次頭，而京坂（京都、大阪）兩地的洗髮次數更稀少，有時僅用梳子去除髮垢，再抹油梳成髻。洗髮頻率依照地區各有差異，與江戶人熱愛去湯屋的理由一樣，江戶地區風沙大，因此江戶人一個月洗一至兩次頭的頻率，在京坂人眼中反而相當多吧！

如同上述所說，女性們為了做造型，除了頭髮本身的油度以外，也會抹上其他的油脂，洗起頭來可說是相當的困難。清水、洗米水幾乎沒有辦法洗乾淨，因此江戶時代盛行的洗髮精，是使用紅藻類的布海苔浸泡熱水後，再加入製作烏龍麵的小麥粉的特製洗髮精。

戰後，隨著日本的流行風格漸漸西洋化，束髮成髻不再是主流，方便洗頭、吹頭的錢湯甚至附澡間住宅的普及化，讓日本人洗頭髮的頻率增加。各式各樣效能的洗髮皂、洗髮精也在一八九〇年代後大量發明、使用。洗頭髮這件看似日常生活的小事，在古代卻是一件需要耗時半天的大事，隨著科技的發展、流行的變遷，人們的習慣也跟著被影響。不過唯一不變的，大概就是從古至今的人們對髮型的堅持吧！

1：平安時代的貴族若要洗頭需要陰陽師占卜吉日才得以洗頭。江戶時代的吉原遊女有固定的洗頭日，若是遇上洗頭日，會提早結束營業。

（本篇原文曾刊載於網路媒體「太報」，收錄於本書中之文章有經過修改。）

02

# 為什麼要狩獵楓葉？「紅葉狩り」的由來

日文的紅葉狩り（もみじがり）是賞楓的意思，使用「狩」這個字，在字面上有著捕捉野獸的意思在，日文也很常用「イチゴ狩り」（採草莓）、「きのこ狩り」（採菇）來表示採收，在日本古語辭典中也表示「狩り」有著「追求、鑑賞、觀賞之意」，所以字面上雖然看起來是狩獵楓葉，但其實是觀賞楓葉。

但在能劇、歌舞伎等演出中，紅葉狩り卻是字面上「狩獵楓葉」的女鬼故事——紅葉傳說。

平安時代（937）住在奥州會津的一對夫妻很想要孩子，卻事與願違，始終沒有結果，百般無奈只好向以破壞佛教、佛法，目的是使人沈溺於眼前的快樂而不求進步的第六天魔王祈願，過沒多久妻子懷上了女兒，命名為「吳葉」（くれは）。

夫婦倆非常疼惜吳葉，她長大後，能讀書彈琴、創作和歌，加上美麗的外表，村裡的人都說吳葉才色兼備，是美與知性的集合體。不過吳葉因為太過美貌，前來提親的人絡繹不絕，其中有一位土豪甚至以非常強硬的手段想娶吳葉為妻，不堪其擾的夫妻與吳葉三人，透過第六天魔王的魔力創造了一個吳葉的分身後，連夜逃往京都。

在異鄉京都安定下來後，吳葉改名為紅葉，以教琴維生。某一天，皇族源經基與妻子恰巧聽聞紅葉的琴聲，紅葉因緣際會成為源經基妻子殿內的女中（工作人員）。紅葉的美貌和才華讓源經基非常著迷，後來紅葉懷了源經基的孩子，源經基的妻子此時也罹患重病逝世。愈想愈不對勁的源經基向比叡山高僧求助，這才發現紅葉每晚都向第六天魔王祈禱、並以妖術讓源經基的妻子生病。源經基憤而將紅葉與其父母流放到信州戶隱的荒倉山中。

不過因為紅葉很漂亮、又能用妖術幫當地的村民治病，還會彈琴、縫紉、唸書等等，村裡的人反而很尊敬紅葉一家人，將紅葉當作女神。但是紅葉不滿足於現況，她想要回京都的宮殿裡和源經基過著奢華的貴族生活，為了籌備上京的旅費，紅葉使用妖術控制山賊，每晚掠奪各個村落，搞得人心惶惶。

很快的，紅葉施展妖術掠奪錢財的消息馬上傳到天皇的耳裡，天皇命令武將平維茂制伏鬼女紅葉。不過過程卻沒有想像中輕鬆，反而遭到各種妖術阻撓，大洪水、火雨、伸手不見五指的黑暗等詭異的紅葉戰術，讓起先派出的軍隊都紛紛敗退。

最後平維茂只好向別所的北向觀音以斷食十七天祈求勝利，獲得了降魔利劍並演練新的作

1887 年梅堂國政繪製出平維茂制伏鬼女紅葉的故事。〈紅葉狩〉（來源：國立國會圖書館）

戰方式。十七天一到，平維茂舉起利劍，衝往鬼女紅葉所在的洞窟，借助了觀音的力量，紅葉無法繼續使用妖術、身體也變得僵硬無法活動，平維茂迅速的使用降魔利劍砍下了紅葉的頭顱，頭顱在空中飛了七圈消失了，留下一具無頭屍體。

現在長野的鬼無里、戶隱地區，仍有許多鬼女紅葉的相關地點供旅人參訪，雖說紅葉是使用妖術遭人討伐的鬼女，但在鬼無理地區，相傳當地的醫療、文化、藝術等都是由紅葉所流傳下來，因此反而稱呼她為「貴女紅葉」呢！

03

# 戰國時代武士們騎的馬原來不是想像中高大威武的駿馬！

武士們身披甲冑，手持弓箭、腰間佩刀，騎著駿馬上戰場，幾乎是腦海中會浮現關於戰國時代武士的畫面吧！

現代的馬，基本上指的是賽馬中的大馬，是十八世紀初由英國引進，被改良成專門競賽或狩獵的競技馬，身高約一百六十公分至一百七十公分之間，時速高達六十公里。但戰國時代的馬，是高度低於一百四十七公分的日本品種在來馬，時速則是四十公里，和你想像中騎著駿馬的帥氣武士可能完全不同！

以日本戰國時代最厲害、名聲遠播的武田騎馬軍團為例，在一九八九年，從山梨縣甲府市武田家的躑躅崎館跡中，發現了被完整埋葬的馬匹全身骨骼。該骨骼身高約一百一十六公分至一百二十六公分，大小是現代純種馬的百分之七十五而已，不過該馬的肩胛骨非常大，前腳的肌肉也非常發達，學者認為該馬是日本的原產馬在來馬中的木曾馬。

基於現代的馬匹是十八世紀才引進日本，而日本的在來馬又是古墳時代從蒙古和朝鮮引進、身材略為嬌小的馬匹，加上當時日本人的平均身高大約是一百五十五公分至一百五十八公分之間，因此推斷戰國時代武士們的駿馬其實是有著大大的頭、短短的腳、厚實的身軀和蓬蓬尾巴的小馬。

學者認為人穿上鎧甲的重量雖然小馬支撐得住，但也跑不快，不太可能在多人戰役中頻繁使用。在古代，小馬的作用多為農耕用馬，或是戰爭中運送大砲、食糧等搬送用馬。甚至還有學者認為武田騎馬軍團實際上騎兵的人數可能沒有想像中的那麼多，多是以步兵為主。也有一種理論指出戰國時代只有將軍可以騎馬，但是戰爭時並不是騎馬上戰場，而是將馬匹栓好後，以雙腳赴戰場。

不過鎌倉時代（1185-1333）的戰爭倒是真的以騎馬打仗為主流，這是因為和戰國時代（1467-1573）的多人集體戰役不同，鎌倉時代多是一對一的個人戰，不用擔心被前後左右的敵人攻擊馬匹，反而從馬上掉落造成致命傷。當然也有人提出農耕馬因為相當珍貴，不應做為戰爭使用，因此有為了戰爭而特別配種出來的軍事用馬，軍事用馬的高度就像現代的競技馬差不多高大。

但不管是哪一種說法，因為沒有人穿越過時光見證當時真實的樣子，歷史也是每一年都有可能因為新發現而稍作修正，所以存在著些許的神祕感，也是歷史的迷人之處吧！

04

# 回到江戶時代，糞便別急著丟掉！

你有沒有想過如果可以回到江戶時代，要先把全日本最貴的東京都新宿區山野樂器的地先圈為己用，這樣往後的好幾十年都可以不愁吃穿了嗎？

但其實江戶時代的土地基本上都屬於幕府的所有物，由幕府將土地租給大名、大名再將土地租給長屋管理人、管理人蓋了長屋再租借給庶民。因此庶民幾乎都是住在用牆壁分成好幾區的細長建築物之中，稱為「長屋」。每一區都是一個獨立的家庭，以現在的角度來看就像是租賃套房一樣，擁有自己土地的人非常少。在江戶時代的江戶地區，只有約莫兩成的土地是私有土地，而擁有私有地的人都是非常有錢的家族。

也因為是多個家庭一起住在長屋中，每一戶人家的居住空間相當狹小，平均一個家庭只有二至三坪大。這樣的空間沒辦法建設浴室和廁所，因此江戶時代的庶民都是去錢湯洗澡，並共用同一間廁所。甚至在租借長屋時，是不附任何傢俱的裸租，傢俱還得自己準備呢！

長屋二至三坪空間的租金以現代的幣值計算約是一萬日圓至一萬五千日圓上下，同時因為江戶的地下水道整備良好，住民們可以方便且免費地使用自來水，水費則是統一由管理人支付。庶民們繳交租金給管理人、管理人交還給大名、大名再上繳回幕府。如期繳交租金就等同於被承認是「町民」，可以參加町內的各式祭典和聚會，租金就好像稅金一樣，交了才能享有各式福利。

另外有趣的是，江戶時代的人口約有八成是農民，肥料的需求很高，在沒有化學肥料的當代，糞尿是極為珍貴的肥料來源。因此管理人會收集長屋住民的糞尿，並以高價賣給農民。以長屋居民的糞尿價值，啤酒杯一杯的容量可以賣五百日圓，載滿一艘船的糞尿價值約為十萬日圓。地主們一年光靠販賣住民糞尿的收入可以高達一百萬日圓！

糞便依照身份高地也有不同的價錢，因為身份愈高，吃的東西當然愈好，糞便的質量也愈高級，非常適合施肥。因此貴族、大名武士所出產的排泄物堪稱最高級的特上糞便。在街角設置的公共廁所的糞便多數來自於能出外旅遊的有錢子弟，所以是上等糞便；上述介紹一般庶民的糞便則是中間等級；而來自監牢的犯人糞便則是最便宜的下等貨。

當時以船運送肥料給農民，再用同一艘船將農民提供的農作物運回來販賣，以現在的眼光來看幾乎是很難想像的事情。不過當時代並沒有吃生菜的習慣，同時也認為蔬果都是由肥料所養成，對江戶時代的人們來說，也許是再正常不過的事情吧！

# 05

# 想要從東京送信到大阪，居然要花一百四十萬日圓！

現代多虧了快遞物流的普及，無論是網購還是寫信寄禮物給親朋好友都非常方便，快則一天就可以火速抵達目的地。

在江戶時代其實也有名為「飛腳」（ひきゃく）的快遞，職業如其名，他們以雙腳運送書信、貨物、金錢等物品，但也不單單只是送件這麼簡單，飛腳是一個有組織性又龐大的職業，在沒有車子、飛機的時代，雙腳和馬匹是唯一的交通工具。江戶時代的飛腳除了運送物品以外，同時也是傳遞災害情報、觀察敵情等舉足輕重的職業。

古代要傳送訊息的方法，是使用從唐朝傳入日本的驛站制（駅伝制「えきでんせい」），也就是為了維持交通和通信所設立的設施，在傳遞距離內以適當的間隔供人、馬、馬車休憩。現代在日本常看到的車站日文為「駅」，音讀えき，訓讀唸作うまや，也就是馬廄的意思，車站等同於馬廄，電車等同於馬，車站的概念遠在一千多年前便成型了。

鎌倉時代（1185-1333），以馬車運送為主的驛站也漸漸被以人力傳送為主的飛腳所取代。

東京與京都之間的驛道中，可以看到提著貨物奔波的飛腳。〈東海道五拾三次之內 平塚 縄手道〉．歌川廣重（來源：東京國立博物館）

在當時不繼續使用馬匹來運送消息或物品，部分原因是因為乘馬是武士的特權，另外馬匹的照料費用相當高，不符成本。

東京和大阪的距離約五百公里（直線距離四百公里），已經超過整個台灣從北到南的長度，這樣的距離在當時透過飛腳的運送，只要短短三天就可以將郵件送達，但是當然這五百公里不會只有一位飛腳負責跑，而是在路途中設有許多中繼站（日文為宿場或問屋場），像大隊接力一樣一個接著一個完成運送任務，平均每個人跑十二公里左右。

著名的浮世繪〈東海道五拾三次〉便是指江戶時代從東京到京都的驛道途中所經過的五十三個宿場。這些地方是為了讓長途旅行的人休憩而存在，許多飛腳會在這裡等候差遣，或是接著運送物品。

不過當時沒有手機，不知道前一個運送的人什麼時候會到，中途也可能因為天災人禍等狀況延遲，因此在宿場等候的飛腳們幾乎是二十四小時待命，當時從事飛腳工作的人數多達五千人。

靠雙腳傳遞郵件所費不貲，但是也有最長三十天左右可以送達的不定期郵件，一封只要六百日圓，但如果要加快運送的時間，價錢當然也會跟著上升，若是要指定五天內從東京送到大阪，要價三萬日圓，如果是需要專門運送又指定到貨時間的貨物，則要價三十八萬到一百四十萬日圓不等，快速到貨在江戶時代是相當奢侈的事情。

隨著明治時代的到來，郵局制度慢慢發展成熟，比起要價高昂又容易受天氣左右而延遲的飛腳，人民更傾向利用較便宜又有保障的郵局，飛腳這個行業也逐漸衰退並廢止了。在現代偶爾還是看得到飛腳的蹤跡，日本佐川急便的舊標誌就是用飛腳的插圖！而佐川急便也在京都祇園創造了擁有江戶時代復古氛圍的「祇園佐川急便」，除了提供寄件服務，也有販賣祇園佐川急便的限定商品，店外的三輪車和暖簾上寫著大大的「飛」字，更是延續了「飛腳」使命必達的精神。

06

# 這裡有一批高價的駱駝尿可以治百病喲

江戶時代雖然鎖國，但仍有眾多珍奇異獸從海外運送至日本，開啟日本人的眼界。其中最早的紀錄是一四〇八年外國人向室町幕府第四代將軍足利義持獻上的大象，到了戰國時代，也陸陸續續有許多外國人向豐臣秀吉、德川家康、第八代將軍德川吉宗獻上大象的紀錄。

一七二八年，從越南運至日本的公母兩頭大象從長崎上陸，母象很遺憾的在幾個月後過世，剩下公象被天皇召見。大象從長崎長途跋涉到京都，但因為沒有官位的人不能上朝，因此大象還受封「從四位廣南白象」之官位才得以讓天皇見一面。但是從長崎走到京都還不夠，江戶的將軍德川吉宗也想看看大象，所以可憐的大象繼續往東京走，據說整整走了一個月。

大象進入江戶的時候人民跟風湊熱鬧，據說河川上飄滿了想親眼看大象的船隻，大象在江戶掀起了一片藝術潮流，許多繪師或是作家紛紛提筆描繪與大象相關的作品。可憐的是隔年大象可能因為水土不服病死，牠的皮被獻給幕府，象牙和骨頭現在也仍被供奉在東京都中野區的寶仙寺中。

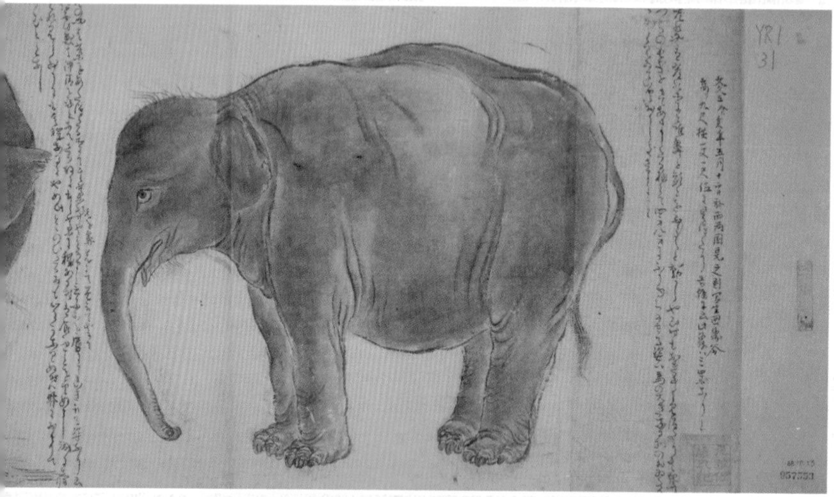

一八二四年，駱駝也進入了江戶，當時稱駱駝「身長九尺，長得像羊，脖子很長，腳趾三節，喜歡白蘿蔔，就算背著重物也可以一天行百里，平易近人好馴化。尿液是救命仙丹，光是貼上繪製駱駝的錦繪，便可以減緩小孩子的麻疹、疱瘡，還可以避雷……」駱駝在當時就是這麼神力非凡的動物，買不到尿液沒關係，買張畫著駱駝的繪紙回家貼著也有一樣的效果。

為了看尿液是救命靈藥的駱駝，據說入場費用高達三十二文，大約是五百日圓左右，在當時可以吃一碗天婦羅蕎麥麵也可以去錢湯洗四次澡，

駱駝和大象都是古代日本的珍奇異獸，不只大象被封了官位，駱駝的尿也號稱是可以治病的靈藥。〈象及駱駝之圖〉．岡勝谷（來源：國立國會圖書館）

但一天仍有超過五千人付錢。在當時也是公母兩隻駱駝進入日本，因此駱駝也被視為夫妻感情好的象徵，非常受人民喜愛，客人才會如此絡繹不絕吧。

07

# 因屁點大的事引發的殺人事件！

在山梨縣忍野八海的八頭龍王傳說中，有關於銚子池的一位新娘在婚禮中放屁，因羞愧而投河自盡的故事。放屁在現代雖然仍是一件讓人有點害羞的事情，臭味難免會造成附近的人困擾，但相信不會因此引發旁人的殺意。（在滿員電車中發生的話可能另當別論？）

不過歷史上除了這位傳說中的新娘非常在意屁以外，古代的貴族女性們身邊也會跟著一位「屁負比丘尼」（へおいびくに），當貴族女性實在忍不住屁意，不小心放出聲時，身旁的屁負比丘尼便會發揮精湛的演技，默默地舉起手來承擔這個屁。

由此可知，古代人對於這類「屁事」非常看重，甚至還有一位因屁而喪名的武將——千葉邦胤，就是死於因屁引發的暗殺。

千葉邦胤出生於一五五七年，是戰國時代的武將世家千葉氏第二十九代當家。在他二十八歲時，家族在佐倉城舉行新年慶祝會，千葉家的近身侍衛桑田孫五郎替千葉邦胤送菜時不小心連放了兩個響屁，惹得千葉邦胤震怒，差一點在現場就拔刀把桑田孫五郎給砍死。

但是新年期間當然是不見血比較吉利，家臣們紛紛勸阻千葉邦胤，好不容易他心頭的怒火才被壓抑下來。雖然桑田孫五郎撿回一條命，但是由於這不禮貌的行為還是使他被千葉邦胤開除了。在戰國時代，跟在主君身邊才有機會出人頭地，桑田孫五郎被開除就等同於葬送大好前程，而且被開除的理由居然只是區區兩個屁！桑田孫五郎愈想愈不對勁，鼻屎般的動機開始在心中變成汪洋一般的殺意。

後來桑田孫五郎趁夜偷偷潛入千葉邦胤的寢室，用短刀狠狠刺殺千葉邦胤後逃逸。千葉邦胤沒有馬上死亡，而是痛苦了六天才喪命。逃出城外的桑田孫五郎也沒有脫逃成功，他一行刺完就馬上被追捕，後來切腹自盡，當時桑田孫五郎還未滿二十歲。

放屁本來就是正常的生理反應，雖然因屁而死亡以現代的眼光看來非常荒謬，但是古人對於禮節的講究也可以透過這樣的故事來略知一二。

# 08

## 古代兩大貓奴天皇！寫貓奴日記還封貓咪為貴族

現代人會在各式各樣的社交軟體上面曬貓、曬狗、曬美食、曬小孩，無奇不曬，在沒有手機的古代，古人們想要曬東曬西時當然就是寫個千字的古書流傳於世。在遙遠的一千多年前，就出現了日本第一篇「曬貓文」！

以貓奴之姿出名的日本天皇共有兩位，一位是平安時代日本第五十九代天皇宇多天皇。據傳有人將一隻黑貓送給了宇多天皇的父親光孝天皇，但光孝天皇並沒有很賞臉，把玩幾天後便轉送給宇多天皇，開啟了宇多天皇的愛貓之路。

宇多天皇當時親筆寫的日記《寬平御記》，是日本現存天皇日記中最古老的紀錄，當時宇多天皇在日記中寫下了豢養貓咪的一些生活點滴，被後世喻為日本最古老的貓奴日記。

文字間除了讚嘆貓咪的毛色黑如墨，像隻黑色的名犬外，也將貓咪能屈能伸如液體般的體態描述得栩栩如生，小能至黍粒、伸展時如張開的弓。步行時不聞聲響，像雲上黑龍。最後還寫道宇多天皇試著和黑貓談心，但該貓僅是嘆息著凝視他的臉龐，似乎有滿滿的言語想說，卻口不能言。文行之中透露了極高的讚美和不難推敲出的寵愛之情，封宇多天皇為史上第一位貓奴天皇，可是一點也不為過。

另一位貓奴天皇是一條天皇，為日本第六十六代天皇，也是出了名的愛貓人士。某一年一條天皇的愛貓產子，宮中舉行了產養儀式，更在小貓出生到第九天期間內的奇數日，舉辦了盛大的慶祝活動。原本產養儀式是只有宮中貴族產子才有的儀式，小貓出生時被喚來參加派對的公卿藤原實資，後來在日記《小右記》中提到該活動：「完全不能理解。」

天皇所在的平安宮沒有相對應身份便無法隨意進入，為了讓貓咪可以隨時陪伴在身旁，一條天皇甚至封貓為「命婦」，命婦的地位在宮中為貴族婦女，貓咪瞬間昇為貴族，終於被允許進宮，同時這也是第一隻被命名也被記錄在史書上的貓咪。

一條天皇派了一位專門顧貓的奶媽伴其左右，不過這位奶媽某一天看著在緣廊曬太陽睡覺的貓咪，覺得貓咪身為貴族卻一點貴族的禮儀姿態都沒有，便叫宮中一隻名為翁丸的狗狗驅趕貓咪，一條天皇看到受驚嚇的貓咪逃走的姿態而震怒，斥責了奶媽，也懲處了翁丸。

就算是現代，貓咪可愛的模樣還是融化了人類的心。人類的世界很大，但寵物的世界便只有飼主的一切，就算我們沒有辦法封爵位給貓咪，也希望能被貓咪封為鏟屎官，一日鏟屎官，鏟屎鏟一生。

（本篇原文曾刊載於網路媒體「太報」，收錄於本書中之文章有經過修改。）

09

# 三百年前也有百圓商店！

日本的百圓商店比比皆是，日圓銅板百圓一枚的價錢換算成台幣不到三十元，又可以買到廚房用品、文具用品或寵物用品等琳瑯滿目的商品，現在台灣也愈來愈多家連鎖的百圓商店，以小資族而言非常的划算！

以最有名的百圓店「大創」為例，在日本就有超過三千家店鋪，遍佈海外二十多個國家，海外分店也有兩千多家。雖然每樣商品只售一百日圓，二〇一九年的營業額卻高達四千七百億日圓。像大創這樣售價固定都是一百日圓的店家其實並不是第一位，在距今三百年前的江戶時代就有出現「每樣商品均一售價十九文」的十九文屋。

根據江戶時代後期的醫生加藤曳尾庵所撰寫關於江戶時代風情的隨筆日記《我衣》提到，在十九文屋中有販賣梳子、髮簪等女生用品，後來也有三十八文均一價、十三文均一價的店家出現，販賣更多各式各樣的商品，例如三味線用品、剪刀、將棋、筆墨等等，就像現代的百圓均一價商店一樣應有盡有。

十九文屋會開始出現在街頭，要從元祿年間（1688－1703）的泡沫經濟導致物價大漲說起，第八代將軍德川吉宗著手進行享保改革推動儉約令，強行抑制庶民的日常消費並鼓勵節約，以解決幕府財政緊縮的問題，便宜又可以買到民生用品的十九文屋就在景氣不佳的狀況下誕生了。

江戶時代前中後期的物價大不相同，以十九文屋出現的時期計算，十九文大約為三百八十日圓，和現代相比幾乎貴了三倍！

除了十九文屋，也有出現更便宜的四文屋。四文屋的出現和當時發行的四文錢有關，就像現在常說的銅板價，三百年前的四文也是一枚硬幣，因此曾經有一段時間流行以四的倍數為定價的均一價商店。

說到四文，這跟關東和關西的糰子數量不同也有關。本來江戶（東京）的糰子和京、坂（京都、大阪）一樣都是五個一串售價五文錢，但是四文錢開始流通以後，購買五個一串的客人就必須付一個四文錢和一個一文錢，店家覺得零錢很多很麻煩，於是便改成四個一串，售價也變成四文。

在三百年前，幾乎每樣東西都是手工製作，也都是完完全全的「日本製」，把人力成本考量進去似乎也沒有那麼貴了吧。

# 10

# 幽靈沒有腳的形象是怎麼來的？

人們對幽靈普遍的印象應該都是長黑髮、身著白衣、頭上綁著三角巾又沒有腳吧。幽靈為什麼會穿白衣又戴著三角巾？其實這塊三角巾的名字叫做「天冠」或「頭巾」，根據不同的地區又有不同的稱號，不過和白色的衣服一樣，這些都是死者穿的「死裝束」。

死裝束是死者踏上冥界的正式服裝，有點像是上班族上班時要穿西裝的概念，古時候的人也認為要前往冥界見到閻魔王，如果穿得太隨便可是一件非常失禮的事情，因此才會有白衣白帽的正式裝扮。

不過幽靈有沒有腳這件事情卻有一個很明顯的分水嶺，幽靈沒有腳其實大約只有兩百年左右的歷史，出自於江戶時代中後期的浮世繪繪師圓山應舉的〈返魂香之圖〉，又稱作〈幽靈圖〉，在這之前浮世繪中所繪的幽靈其實都還有腳，分界點想必就是〈返魂香之圖〉了吧！目前在青森縣弘前市久渡寺所藏的〈返魂香之圖〉於二〇二一年五月確認是圓山應舉的真跡，並指定為市有形文化財。世界上唯二的另一幅則是由柏克萊加利福尼亞大學美術館收藏。

圓山應舉有許多舉世聞名的作品，以細膩的筆觸繪製動物、昆蟲的寫生帖，也有畫出輪廓陰影分明又壯觀的雪松圖，在當時就已經是個有人氣的繪師。

他創作出這幅〈返魂香之圖〉據傳是夢到死去的妻子，他故意不畫出人類該有的腳，來告知鑑賞者這幅畫的主角不是人，而是不存在於世的幽靈！如此新穎又震撼的手法在當時讓眾人大開眼界，影響了後來繪師在創作幽靈圖時，也以不畫出腳的方式表示幽靈。

11

## 古代的刺青到底是刑罰還是潮流？

你有沒有想過為什麼日本的錢湯或溫泉，常常禁止有刺青的人進入呢？歐美人士刺青的比例最高到百分之四十八，根據二〇一九年上半年的統計顯示，來自歐美、澳洲的觀光客占了整體海外觀光客比例的百分之十二，約兩百三十萬人。這兩百三十萬人裡面一定有刺青客，刺青客都來到了溫泉大國日本，難道不能好好的享受日本的泡湯文化嗎？

其實到了近代，愈來愈多溫泉、錢湯接受有刺青的客人，有些沒有特別禁止，有些則是會在櫃檯放膚色膠帶，只要遮住便可以進入。但這並不代表從古至今刺青都是被禁止的，在繩紋時代出土的土偶，身上的紋路便被認為從古代日本就有刺青的習慣。

日本在儒家文化傳入後，認為身體髮膚不得隨意傷害，所以武士、貴族們不會在自己身上刺青，反而將刺青變成刑罰的一種，稱作入墨刑。每個地區的入墨刑都有些許的不同，例如奈良、大坂地區會在上臂刺兩圈線、江戶地區則是在手肘下方刺兩圈線。不過刺在手上的入墨刑很容易就被衣服遮掩，於是為了懲戒犯人，有些地方乾脆把字刺在額頭上面，例如刺上叉叉、惡字等。在廣島一帶如果犯一次罪，會在額頭上刺「一」；第二次罪會再補個左撇；第三次還是累犯，就會再補一個右撇順便加個點，變成「犬」字，以羞辱並嚇阻犯人繼續犯罪。[1]

不過刺青在江戶時代除了是刑罰，也是一種耍帥的表現。當時浮世繪中出現的人物身上常常有刺青，他們多半是劫富濟貧的俠士，因此想要帥的民眾若想要刺青，又不想和罪犯混為一談，便將自己的刺青稱作「彫物」，罪犯們的刺青則是「入墨」。

例如江戶時代的宅配便「飛腳」或是消防警備的「鳶」，他們會在身上刺上滿滿的彫物。

歌川國芳所繪的水滸傳豪傑身上有著滿滿的刺青。江戶時代時，刺青既是一種流行，也是一種刑罰。〈通俗水滸伝豪傑百八人之壹人 浪裡白跳張順〉（來源：東京國立博物館）

有人說飛腳刺彫物是因為他們常常帶著包裹、信件，為了防止變成山賊搶劫的對象，便將全身刺得滿滿的，看起來就很不好惹。鳶則是特別喜歡刺被認為可以呼風喚雨的龍，有雨便可以滅火，龍也可以成為守護靈，對鳶來說很吉利，也有一說是爲必須常進出火場，若是因公殉職，還可以透過身上的彫物辨別身份。

十六世紀的琉球也有刺青在手指背和指甲、手肘的習俗，有刺青代表已婚，是象徵身份的一種文化，刺青儀式是一種降福於新人的儀式。

明治時代開始因為講求近代國家體制，除了廢止入墨刑，也開始禁止裝飾用的刺青。因為不合法，一些黑幫暴力團體反而會利用刺青代表對組織的忠誠，結果慢慢地社會就將刺青和暴力團體劃上等號，在當時便產生刺青是反社會、負面以及野蠻的形象。

在一九四〇年代，日本多數的家庭沒有屬於自己的浴室，他們多半都是在錢湯洗澡。洗澡的時候若是和被視為暴力組織團員的人在澡堂並肩而坐，想必會洗得提心吊膽，因此在當時開始出現在門口貼禁止刺青人士的公告，也形成了禁止刺青人士進入大眾澡堂的約定俗成。

縱使現在的日本慢慢解開對刺青的偏見，但仍有部份的人帶著守舊的想法。如果身上有刺青，卻也想去日本泡泡湯，可以到這個網站查詢對刺青友善的大眾浴場喔！

http://tattoo-friendly.jp

---

1：相關法條及圖示可參考《德川禁令考後聚（第四帙）》

# 12

# 武士時代影響了日本人的哪些生活習慣？

日本的武士據傳早在平安時代（794-1185）就存在了，十二世紀創立幕府，拉開武士正式掌管日本天下的序幕，一直到明治維新後武士才漸漸消失。長達六百多年的武士時代就算在武士沒落後仍帶給日本人許多影響。

在本書生活篇第二十二篇提及的【穿褲子的時候要從左腳開始穿】就是為了讓武士們可以快速穿上袴以便拔刀，現在許多仍需要穿著袴的弓道、居合道等武道在著衣的時候也會講求從左腳開始穿。

另外在日本人進入室內後，會將鞋頭朝外擺放的習慣也和武士息息相關。戰國時代的武士們當時風行茶道，武士進入茶室時，會先將草履和武器脫掉，不得攜入室內。但是戰國時代時刻不得掉以輕心，若突然遭遇襲擊，必須快速的穿上鞋子應對，因此鞋子在進入室內後先將方向擺正，穿鞋時便不會花太多時間。

還有日本左側通行的說法也和武士有關，雖然沒有確鑿的證據顯示兩者有直接的關連，但也相當有趣。日本的道路交通法中有「車輛必須在道路的中央靠左側通行」的規定，在世界上多數國家和台灣一樣為右側通行的現今，日本算是世界少數的左側通行派。在車子尚未普及，仍是用獸力或人力拉車的年代，一八八一年警察廳宣達「車馬和人力車相會時往左側靠」被視為日本左側通行的起點。

日本到底為什麼會是左側通行，以下兩個說法是最為人所知，其中武士刀說更是受歡迎：

**【仿效英國說】**最早的蒸汽火車是英國人於十九世紀發明，幕府末期日本人才知道蒸汽火車，進入明治時代後接受英國人的指導開始建造鐵路，之後制定的交通規則也仿效英國的法規，一律左側通行。

**【佩戴武士刀說】**武士所佩戴的武士刀都是繫在身體的左側，因為多數人為右撇子，繫在左側方便拔刀。因此當前面有武士迎面而來，若兩人都是靠右側通行，武士刀便會碰撞在一起，反之，兩人若靠著左側走就會平安無事。因此為了閃避武士刀，人們便習慣靠左走。

13

# 你知道早在江戶時代就已經有情趣用品店了嗎？

日本的色情產業從古至今都非常強大，也有許多大型量販店隔著十八禁的門簾販售著新型的情趣用品，各國人士爭相朝聖大阪飛田新地、東京吉原等地。而日本最早的情趣用品店在江戶時代就已經是門蓬勃發達的生意了。

四目結紋。如果穿越回江戶時代，看到這個圖案就代表來到情趣用品店了。（來源：https://www.silhouette-ac.com/）

江戶時代中期開始，因為兩國橋連結武藏國和上總國兩地，讓兩國四周繁盛了起來，引來許多商店進駐，是江戶地區相當熱鬧繁華的地方。

當然商人也不會放過這項商機，便在兩國米澤町開設了一家以藥局當門面，實則以性關聯商品和媚藥為主的情趣用品店。當時以四目結紋做為招牌，稱為「四目屋」，客人只要看到這個紋路，便知道是情趣用品店。

就像現在去唐吉軻德買十八禁情趣用品一定很怕遇到熟人，在沒有網購的江戶時代，當然也怕在店裡遇到左鄰右舍，因此四目屋會將店內的燈火控制在昏暗看不清面孔的程度。若是真的很擔心被認出來，店家甚至有提供貼心至極的宅配到府服務，透過信件訂購，四目屋便會以完全不註明商品內容的包裝送到府上！

不過在當時，情趣用品並非從海外傳入，也不是機械大量生產的商品，購入價格非常昂貴，使用玳瑁製的情趣用品要價一兩，一兩在江戶時代初期換算成現在的幣值約十萬日圓、中後期約四至六萬日圓，一般庶民根本沒有能力購買。因此四目屋的主要客群除了男性以外，據說大奧的女性們也是常客呢！

除了有各式各樣男性女性的情趣用品，當時也有名為「通和散」、「安入散」或是「海蘿丸」等方便攜帶的潤滑劑，製作原料為蛋白、葛粉和花秋葵等，材料因為好入手所以也可以在家自製，製作完後塗抹在紙張上便能隨身攜帶，需要使用時含在口中融化就能使用，非常方便。

# 14

# 現今是時髦代名詞的六本木名稱來自六棵松樹？

三軒茶屋、銀座、汐留、築地、六本木……應該對喜愛日本旅遊的各位而言是不陌生的地名，就算沒有去過，搭乘東京錯綜複雜的大眾交通工具時也一定曾經看過這些地方。日本人開始取姓氏的時候會使用地形、方位或是職業，地名當然也會參考當時那塊地的歷史或象徵來命名，三軒茶屋聽起來就是三家茶屋、六本木則像是六顆大樹，事實上也是如此。

成為三軒茶屋由來的三家茶屋在當時的要道大山道和登戶道之上，最熱鬧的兩大道路的路口開了信樂、角屋和田中屋三家茶屋，便以此命名。現在這三大茶屋只剩下田中屋以田中屋陶苑之名繼續營業。順帶一提，根據大東建託進行的調查，三軒茶屋所在的世田谷區是二〇二〇年東京人最想居住區域的第二名。

最想居住的自治體區域第一名是港區，港區是東京二十三區裡所得最高的區域，也擁有許多公務機關、大使館、電視台和有名的複合式商業建築，在還沒有高樓大廈築起的江戶時代，這裡多為武士的宅邸。

耳熟能詳的六本木在當時是武家屋敷的區塊，據說當地有六顆壯碩的松樹因此命名六本木，也有人說是因為有六位大名在此地建設宅邸，這六位分別是上杉、朽木、高木、青木、片桐、一柳，因為姓氏裡都有「木」字因而得名。擁有許多咖啡廳、酒館還有兩百五十公尺高展望台的六本木之丘，在江戶時代時是長府藩毛利家的武家屋敷，以櫻花聞名的毛利庭園就坐落於此地。

港區裡的青山則來自戰國時代的武將青山忠成，青山忠成受到德川家康的賞識，甚至獲得了掌管領地內行政司法的町奉行職位，得到了青山一帶做為自己的住宅，這便是青山地名的由來。現在的青山有許多時尚品牌店鋪進駐，高級公寓林立，是日本有名的高級住宅區。

說到高級住宅區港區真的不少，著名的白金台也是高級住宅區之一。在南北朝時代（1331-1392）有一位開墾白金（指的是銀）的柳下上總介，因為保管了非常多的銀，所以被稱作「白金長者」，他的宅邸位於現在的國立科學博物館附屬自然教育園內，因此此地便命名為白金。

白金原本只是普通的住宅區，但在泡沫經濟起飛的年代，愈來愈多高級公寓在此建設，帶領了許多有錢人搬進來，慢慢的就成了高級住宅區之一，甚至還有一個專有名詞形容居住在此地的女性為「白金貴婦」呢！

15

# 要怎麼在博物館裡一眼看穿日本刀是太刀還是打刀呢？

日本刀就算到了現代，也還是武器迷、歷史迷爭相收藏的對象，除了模造刀以外，至今還有許多出自名師之手的日本刀供展示、販賣或是練習拔刀道、居合道等武術之用。興高采烈買回家的日本刀到底要怎麼擺放才是正確的呢？

這就要從日本的刀械歷史開始說起，早在繩紋時代就有石刀出土，進入古墳時代後，因為鍛鐵技術慢慢純熟，加速了兵器製造的發展，古代製作的刀幾乎都是用來刺而非斬物的直刀，而非現在熟悉的彎刀，一直到平安時代都還是以直刀為主，後來因為直刀拔刀不易、乘馬時直刀不好使用，才將直刀改良成彎刀（諸說）。

進入鎌倉時代，武士勢力擴展，刀劍需求更加提升，這個時代可以說是日本刀最發光發熱的時期。室町時代初期之前幾乎都是一對一的個人戰，武士騎著馬，使用兩顆以「足」穿繩懸掛在腰帶上的太刀攻擊敵人，以這樣的方式繫刀，刀鋒就會朝下，刀尾也會上翹而不會戳到馬背。因為是在馬上攻擊，因此當時的太刀都做得較長、弧度更大。

慢慢地變成以較密集人數為主的集團戰，戰場也從馬上變成地上。因為是近身戰，為了方便拔刀，改成將刀插在腰帶之中，捨棄了兩顆懸吊用的「足」，改以單顆的「栗形」穿繩固定。也因為近身戰需要立即拔刀，因此佩戴武士刀時刀鋒朝上，一拔刀便能快速以刀鋒面對敵人。戰爭型態的改變，武士使用的太刀變成了打刀。

太刀和打刀除了上述的「足」和「栗形」不同，有時候在書上或是博物館裡所見到的刀是沒有刀柄和刀鞘的裸刀，這時候便可以透過刀的擺放方式判斷。

太刀的擺放會以騎馬打仗時刀鋒朝下的方式擺放，呈現微笑的形狀，如此一來，刻在莖上寫著刀工製作者資訊的銘便會朝著自己的方向，另外太刀也可以將刀柄朝下、刀鋒朝刀架的方向直放，以防止保養用的刀油累積在刀尖。打刀則會以方便近身戰時刀鋒朝上的方式擺放，呈現山坡的形狀，打刀的刀刃朝上，銘也會朝著自己的方向，打刀則少以立姿展示。

不管是打刀還是太刀，放在刀架上時刀柄或莖都是在左側，刀尖指向右側。不過在古時候戰事頻繁時，為了要隨時保全生命，刀柄會放在右側方便右手慣用手拿取（在當時左撇子也會被訓練成以右手拿刀）。戰爭時的放法和平時的放法不一樣，若是放反了，表示對來客充滿敵意。

至今無論是關於日本刀的書或是展示的博物館，都還是會分太刀或是打刀展示方式，因此下次去博物館時便可以一秒分辨是打刀還是太刀，別人也會對你的火眼金睛讚不絕口吧！

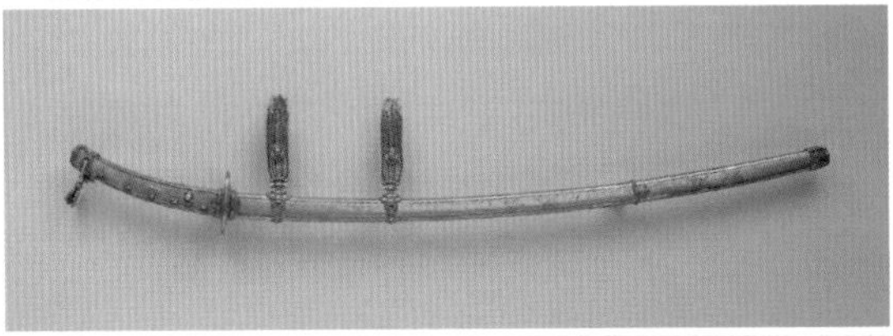

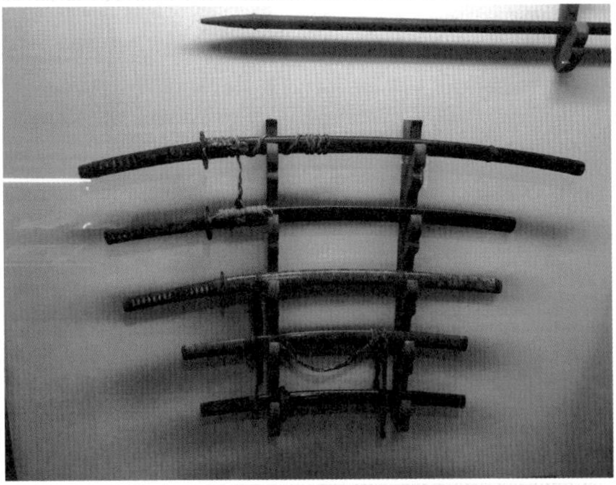

上圖為太刀、下圖為打刀。太刀的擺放方式是刀刃向下的微笑形；打刀的擺放方式為刀刃向上的山坡形。（來源：太刀為梅用知世攝於秋田縣武家屋敷；打刀為東京國立博物館藏）

# 16

# 門口掛著紫色暖簾代表這家店欠錢？

在日本找居酒屋時，我們常透過店門口的暖簾是否掛上，來判斷店家是不是正在營業。但在江戶時代，暖簾不只透露著營業與否，還可以從暖簾的顏色看出這家店在賣什麼，甚至連店主借錢開店還沒還清款項都能透過暖簾一目了然。

最早有文字紀錄的暖簾登場於平安時代保延年間（1135-1141），當時家家戶戶掛暖簾是為了防曬、防風或是避人耳目之用。

進入室町時代（也有一說是鎌倉時代便有），商家開始在暖簾上印自己的店印或是家紋，變成招牌吸引客人，當時庶民的識字率並不高，因此使用不同顏色的暖簾區分業種，方便顧客辨別。到了江戶時代，民眾的識字率提升，暖簾上的圖案或文字也開始更加豐富，但是仍傳承了以顏色區分行業的習慣。

所以當你不小心穿越到過去，不會講日文、看不懂假名？沒關係！只要會分辨暖簾的顏色就沒問題！

【藍色】被視為值得信賴的商家顏色。因為是透過蓼藍提煉出藍色，蓼藍從以前就被當作擁有除蟲效果的驅蟲劑使用，因此蕎麥麵店、和服店或造酒業非常愛使用藍色暖簾。

畫面左上方和服店的暖簾為藍色。〈江戶小柳常吉　見立呉服屋尽　布袋〉（來源：國立國會圖書館）

【白色】砂糖據說是在奈良時代由盲僧鑑真法師帶進日本。傳入時是以藥品為名傳入，因此砂糖到了江戶時代也一直都在藥鋪高價販賣，一百克的糖約是庶民一家人一個月的生活費。也因此藥鋪或菓子店便偏好使用砂糖白的白色暖簾。

【茶色】菸草在江戶時代開始普及，菸草的顏色和當時江戶庶民會喝的番茶顏色都是茶色，因此茶屋、菸草屋都使用茶色暖簾。

**【柿色】**最早在吉原等花街裡，擁有最高位階遊女「太夫」頭銜的妓樓或高級料亭才能使用柿色的暖簾。後來到了江戶時代初中期，愈來愈多妓樓和料亭也會掛上柿色暖簾，再也沒有限制。

**【紫色】**古時候紫色的染料非常貴重，因此紫色曾經是只有皇室貴族高官才能使用的顏色。到了江戶時代，反而變成借錢開店又還沒還清貸款的店家專用的紫色暖簾。

到了現代，更多五顏六色的暖簾出現，許多店家也較少依循古時候的暖簾顏色潛規則。不過關於暖簾還有一個有趣的小知識，現代人絕對想像不到江戶時代的人還會特別掛上髒兮兮的暖簾昭告天下自己的生意超好。

兩國地區曾有一家壽司店，當時壽司是庶民喜愛的平價速食，很多人吃完壽司後隨手在暖簾上一擦就離開，所以暖簾被用得愈髒，代表著這家店的客人愈多、生意愈好，看著骯髒油膩的暖簾便會下意識的認定這絕對是品質有保證的名店！

# 17

# 江戶時代最大煙火商玉屋v.s.鍵屋大對決

透過兩國納涼花火圖可以看到煙火大會的盛況，無論是橋上還是船上都擠滿了觀看煙火的人潮。〈両国納涼花火ノ図〉．立齋廣重（來源：國立國會圖書館）

在充滿青春的日劇或是動漫畫中，只要是描寫甜甜的戀愛劇情，不免俗會出現少男少女穿著浴衣在祭典中共吃同一顆蘋果糖的畫面，在煙火爆發的瞬間，喊著「玉屋」（たまや）的聲音此起彼落，少女羞赧的趁著煙火發射的聲音輕聲地說了句「喜歡」……

但是到底為什麼路人們看著煙火會喊出「玉屋」呢？其實在江戶時代，「玉屋」和「鍵屋」都是當時名聲最大的煙火商，當然會在夏季的煙火大會中放出自家最自豪的絢麗煙火和對手較勁。

鍵屋創業於一六五九年，玉屋則是創業於一八〇八年。雖然鍵屋的歷史比較久，但是玉屋放煙火的精彩程度完全不遑多讓，兩家競爭對手交互放出各自的煙火，並交由觀眾的歡呼聲決定勝負，如果觀眾覺得玉屋的煙火比較漂亮，就會大喊「玉屋」，如果鍵屋的煙火比較吸睛，則是大喊「鍵屋」。

透過煙火的競爭其實只維持了三十幾年，就因為玉屋引起火災導致老闆被判刑流放，因此也不存在了。反而鍵屋如今還是以日本最古老的煙火公司之名活躍至今。雖然玉屋不在了，但是有人說因為玉屋的煙火比較壯麗，也有人說是因為玉屋的發音比鍵屋好念，所以後來的人們看到煙火時都是喊玉屋比較多。

不過煙火大會的起源其實是為了悼念一七三二年因飢荒和疾病逝世的人們，於是隔年舊曆的五月二十八日，幕府第八代將軍德川吉宗為了替亡靈們祈禱與驅除疾病，在隅田川舉辦了以慰靈為目的的水神祭。當時鍵屋第六代傳承人彌兵衛向空中射出煙火祈求災厄消失，兩國橋周邊的店家也紛紛以花火奉納，據說是隅田川煙火大會的原型，也是日本最古老的煙火大會。

在二〇二〇年因為新冠肺炎而無法讓觀眾參與的煙火大會，也有多達一百六十二間煙火業者一同施放五分鐘無觀眾的煙火活動，以祈求日本及全世界的惡疫退散。

現代人也許較少在煙火大會時聽到「玉屋」或「鍵屋」的喊聲，但是如果有機會在煙火大會中大喊一聲「玉屋」，也許更能體會兩百年前民眾看見煙火時的興奮感也說不定呢。

18

# 你知道在將軍面前正座的原因是為了讓人腳麻無法攻擊嗎？

在和式的榻榻米房間總會想要試一下日本人的正坐，但常常跪了十分鐘左右就已經腳麻無法站立。雖然這是融入日本人生活中的坐姿，其實也有許多日本人非常不擅長正坐坐姿，甚至正坐也並不是一個從古至今就廣為流傳的習慣，在古時候還曾經是懲罰犯人的方法！

正座姿勢。（來源：photoAC）

不知道各位有沒有發現，古時候武士們穿的袴都很寬鬆，其實是為了方便盤腿坐。在江戶時代以前，無論是庶民、武士或是貴族都比較習慣盤腿坐姿或是立膝姿。

戰國時代時的武士要時時保衛自己的生命安全，因此會選擇機動性高的盤腿坐姿、立膝姿或是蹲踞，讓自己處在隨時可以拔刀應對敵人的姿勢，甚至去查織田信長、豐臣秀吉或是德川家康這三位戰國英傑的肖像畫，也會發現他們都是盤腿坐姿居多。

開始推廣正坐坐姿的是幕府第三代將軍德川家光，據傳德川家光小時候被自己的乳母春日局要求美姿美儀而嘗試正坐，因此他也比照辦理要求家臣正坐，比起盤腿坐的姿勢，正坐會讓背挺得更直，看起來更有禮貌。

歷史上有名的大名或是浮世繪等多見當時以盤腿坐姿為主。明治時代後，正座也是和室中正式場合的坐姿。〈織田信長像（模本）〉・蜷川親胤模寫（來源：東京國立博物館）

當然還有一點就是德川家光小時候正坐後腳都會麻得無法行走，在古代有一個逼供犯人的方法就是讓犯人長時間正坐，當時稱為「危坐」，這個坐姿會壓迫神經造成腳麻無法自由行動，犯人總會受不了長時間的折磨而招供。德川家光為了防止各地群雄謀反襲擊他，因此下令所有來見他的人都要行正坐姿，如此一來家臣或是其他地方大名便會因為腳麻以及起身不易而無法攻擊。

不只是參勤交代的大名見到將軍時要正坐，這些大名回到自己的領地時也要求自己的家臣正坐，正坐開始有了服從、尊敬的涵義。到了現代，當日本人見到比自己地位高或是長輩的時候，若是在和室也會行正坐姿。

江戶城外的武士或是平民平時不太有機會晉見將軍，因此也一直以盤腿坐居多，到了江戶時代中期，榻榻米開始普及，比起跪在硬邦邦的地板，跪在榻榻米上舒服了許多，因此正坐才開始慢慢被推廣。

進入明治時代後，才出現正確的坐姿「正座」這個名詞，現在也常見於日本的傳統武術或是傳統藝能之中。

19

# 以守時出名的日本人曾經被西方人認為超級沒時間觀念？

二〇一七年十一月十四日，日本的筑波快線比預定時間早二十秒發車，運營筑波快線的首都圈新都市鐵道公司發了道歉聲明；二〇一八年五月十一日，JR琵琶湖線比預計時間早了二十五秒發車，JR西日本也鄭重地發表了謝罪文。

這兩個事件都引來國際間的注意，認為日本人不愧是守時的國家，以秒為單位的失誤都要向大庭廣眾致歉。但是你知道日本人守時的習慣其實也才一百多年的歷史，曾經還被來日的外國人認為日本人沒有時間觀念、對時間散漫呢！

在黑船來航打開了日本的國境大門後，許多外國人都前往日本，其中一位來自荷蘭的海軍技師在《長崎海軍傳習所的每一日》中寫下了他在日期間的點點滴滴，其中指出了他原本希望在張潮前用來維修的木材始終沒有送到等諸如此類的小怨言。

但是要說為什麼日本人曾經時間觀念不佳，就要說到從室町時代開始日本是利用太陽的升降訂定時間，以太陽升起的前三十分鐘為日、太陽西下的前三十分鐘為夜，將白天和夜晚各分成六等份，一天十二等份，每一等份大約為兩小時，稱為一刻。根據季節，日照的時間還有所不同，相較於現代一小時就是六十分鐘的定時法而言，古代日本使用的是不定時法。

日本古代也沒有先進的報時技術，通常都用敲鐘的方式報時，大約兩小時會敲一次鐘，如果不小心沒聽到鐘聲，就會完全不知道時間。除了一部份有錢人家會製作不定時法的時鐘以外，一般老百姓就只能憑靠敲鐘來判斷時間了。

一直到明治時代因為鐵道的發展，日本人才開始對時間較為敏感，除了火車必須定時運行，如果不錯開時間，還可能會造成衝撞等意外，慢慢才從不定時法改變成定時法，同時軍隊和學校的設立也逐漸培養起日本人的守時觀念。

不過在不定時法的古代，若是真的必須知道時間到底該怎麼辦呢？其實古代忍者有一招密技，就是觀察貓咪的瞳孔！

江戶時代中期的《倭訓栞》中有提及「六圓滾滾、五七像卵、四八像柿種、九則像針」這句話便是指貓咪瞳孔在不同時間帶的形狀，數字指的是敲鐘的次數，六大約是六點左右，這個時間光線最少，因此貓咪的眼睛為最大的圓形；敲鐘五下和七下分別是八點前後和四點前後，此時有些光線但還不算太亮，瞳孔呈卵形；敲鐘四下和八下指的是十點前後和兩點前後，光線稍多，貓咪瞳孔收縮呈柿種形；敲鐘九下指十二點前後，光線最多太陽最大，瞳孔呈針形。

| 子 | 丑 | 寅 | 卯 | 辰 | 巳 |
|---|---|---|---|---|---|
| 23～1時 | 1～3時 | 3～5時 | 5～7時 | 7～9時 | 9～11時 |

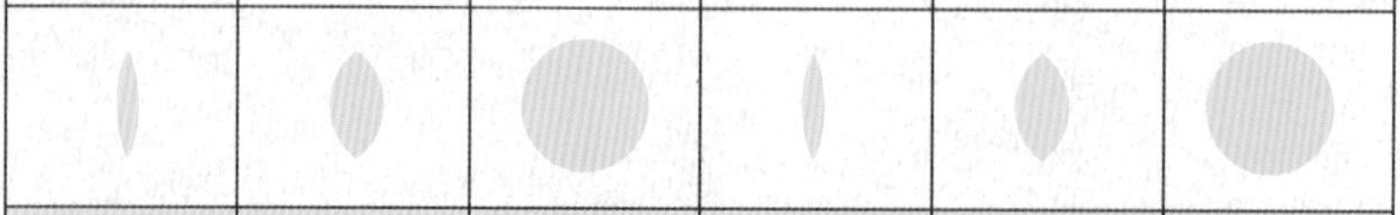

| 午 | 未 | 申 | 酉 | 戌 | 亥 |
|---|---|---|---|---|---|
| 11～13時 | 13～15時 | 15～17時 | 17～19時 | 19～21時 | 21～23時 |

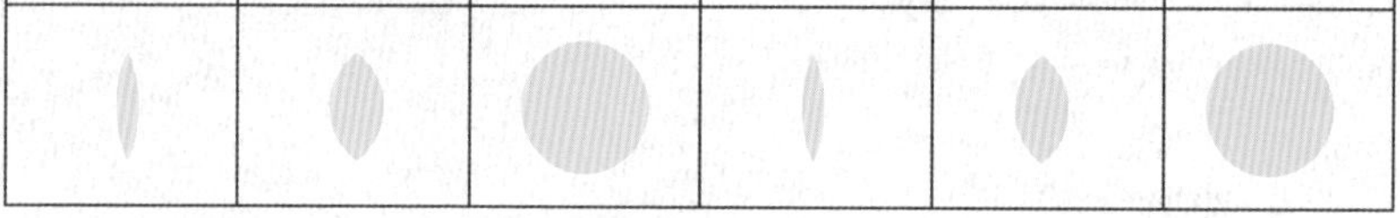

貓咪瞳孔在不同時間的變化。

在現代要以貓咪瞳孔看時間已經是不可行的做法了吧！除非你人在晴天的室外，手機手錶又剛好沒電，附近也沒有人可以詢問時間，只有願意理你的貓咪，這時候就來試試看忍者的智慧吧！

# 20

# 真的有人從清水的舞台上跳下去嗎？

在關西偶爾會聽到日本人說：「從清水的舞台跳下去」或是江戶時代開始流傳至今的「拿著雨傘從清水的舞台一躍而下便能達成戀愛成就」這兩句俗諺。清水指的是西元七七八年建於京都的清水寺，有去過京都清水寺應該對清水的舞台不陌生，舞台就是清水寺本堂可以看到絕美風景，表演能、狂言、歌舞伎等傳統技藝獻給神明的舞台。

梅用知世攝於清水寺。

這一塊大平台是由一百三十九根大圓木支撐且完全沒有使用釘子的懸造手法所建成，高度約十二公尺，也就是四層樓左右，從舞台上往下跳可見需要很大的勇氣。因此這句諺語的意思便是「下定決心要完成某件事」、「奮不顧身跳下去般的心意」、「抱著必死的決心要做某件事」。

不過諺語終歸是諺語，從四層樓的高度跳下去已經不是有沒有勇氣的問題了，實際上到底有沒有人真的跳過呢？根據現存的文字紀錄，平安時代末期至鎌倉時代是從清水的舞台跳下去的高峰期！

當時人們相信肉體上的疼痛可以增加修行，也有著將生命預借給觀音，若跳下不死代表能實現願望，就算死了也能成佛，而開始有了從高處往下跳的參拜習慣。因此向清水寺的觀音參拜後，便直接從舞台上一躍而下，無論是傷或是死，似乎都是一種修煉，因此嘗試的人絡繹不絕。（請不要嘗試！請不要嘗試！請不要嘗試！很重要所以要說三遍）

即使到了江戶時代，仍有許多人為了祈求身體健康或成就，奮不顧身的跳下去。根據《清水寺成就院日記》的紀錄，江戶時代中期（1694）至明治維新之間，從清水的舞台上跳下者高達兩百三十四件，其中七成是京都在地人，提起勇氣跳落的年齡層超過半數是十幾歲至二十歲的年輕人，甚至小至十二歲，年長至八十歲皆有，總死亡人數三十四人，生存率高達八成五！

但是，人生總是會出現個「但是」，請千萬不要認為現在的生存率也還是這麼高，當時的生存率高達八成五，主要是因為舞台下方樹林茂密、地面還是柔軟的泥土地，與現代清水寺舞台下方經過整修的石頭地可是完全不一樣！一直到明治五年（1872），政府發佈了禁止令，下令用柵欄圍住舞台四周，才終結這危險的舉動。僅剩「從清水的舞台跳下去」（清水の舞台から飛び降りる）這句名言流傳於世。

21

# 古時候的貍貓睪丸真的可以捕魚、遮雨、當棉被嗎？

信樂燒狸貓圓圓的大眼睛和大肚子非常可愛吸睛，但是往下一看卻是超級大的狸貓蛋蛋，表示著財運滾滾來。（來源：photoAC）

不知道你有沒有注意過日本許多商店的門口都會擺放信樂燒狸貓的擺飾呢？當然信樂燒貍貓除了有頭戴斗笠、手拿酒壺等特徵以外，最讓你印象深刻的是不是貍貓的蛋蛋大得不可置信呢！

甚至喜愛歌川國芳作品的你，應該也常看到貍貓的蛋蛋有著非同小可的大小，甚至大到可以遮雨、捕魚、當暖桌、當船！吉卜力工作室推出的動畫【平成貍合戰】中，貍貓也有展開大大的蛋蛋充當降落傘的畫面。在日本還有一句話是「貍貓的蛋蛋，八疊榻榻米」（狸の金玉八畳敷き），用來形容又大又寬廣的東西。

會有貍貓的蛋蛋很大的傳說，有人說是在江戶時代，金匠職人製作金箔時，會使用貍貓蛋蛋的皮包覆金塊再反覆敲打讓金變成金箔，據說三點七五克的金可以延展成八塊榻榻米大，因此便從「貍貓的蛋蛋皮延展性超讚」到「貍貓的蛋蛋皮有八塊榻榻米那麼大」最後得出「貍貓的蛋蛋超大」這個結論，繪師們便開始創作出各式各樣用貍貓蛋蛋做出各種無厘頭事情的作品。不過實際上貍貓的蛋蛋其實大約只有一個一塊錢硬幣的大小，並沒有可以當作雨傘或是帆船甚至是捕魚的程度喔！

信樂燒貍貓除了蛋蛋大，他身上所配戴的東西也都有意義，稱作八相緣喜。手中拿的日本酒壺（德利）代表著人品和氣質，也有衣食無缺的意思；另一手拿的帳本則是表示待客誠信；頭頂斗笠對於突發的災害能有萬全的準備；大大的眼睛可以判斷是非；圓滾滾的肚子可以冷靜不慌亂，又能大膽做出決策；尾巴則是表示做事情皆能有始有終；可愛的表情透露著誠信待客、備受喜愛；最後日文為「金玉」的蛋蛋當然就是財源滾滾。

另外貍貓的日文「たぬき」也音似於把對手拔除、讓客人可以來到自己的店舖的意思，因此許多商店都會將代表著商業繁盛的幸運物放在店門口，以求千客萬來、財運亨通！原本信樂燒貍貓是明治時代的陶藝家藤原銕造所創作出來的作品，一九五一年日本第一百二十四代天皇昭和天皇親臨信樂町，當地民眾做出了拿著國旗的信樂町貍貓恭迎天皇，天皇非常喜歡，信樂燒貍貓的魅力從此開始傳遍日本各地。

# 22

# 一眼分辨招財貓是公貓還是母貓！

豪德寺招財貓。店家擺放的招財貓舉左手和舉右手代表招來不同的好運，但是舉雙手就顯得有點太貪心了。（來源：photoAC）

相信大家應該聽過招財貓的左右手代表著不同的涵義，口訣就是右手招財，左手招福。雖然在中文是翻譯為招財貓，但其實日文招財貓（招き猫）不止有招來錢財，而是招來某物的貓咪之意。

也許你也會好奇，招財貓究竟是公貓還是母貓。母貓會舉起左貓掌，祈求祈求千客萬來、廣結善緣的效果；舉著右貓掌的是公貓，祈求財運及幸運。舉起兩隻貓掌則是同時招客也招財，但是許多人認為這樣太過於貪心、也像是投降的姿勢，較少人使用兩手舉起的招財貓。貓掌舉高過於頭，代表招遠方的福，手舉在臉頰旁邊則是招近處的福，各有不同的意義呢！

話說回來，招財貓最著名的幾種緣由分別是東京都世田谷區豪德寺之說、東京都新宿區自性院之說、東京都台東區今戶神社之說以及江戶淺草新吉原之說。我們就來一起看看吧！

**【東京都世田谷區豪德寺之說】**

江戶時代，彥根藩第二代藩主井伊直孝在獵鷹結束準備返家時，經過了荒蕪的豪德寺。這時候和尚餵養的貓咪在門口，舉起手像是在招呼直孝，直孝便決定入內休息。結果前腳一踏入，門外便開始下起了大雷雨。有人說當時直孝原本站著的地方落下了一道雷，直孝因此逃過一劫。

直孝不但沒有被淋濕，也幸運躲過落雷，加上許久沒有訪客的和尚細心地招待了直孝並開始講道，直孝認為躲過雷雨冥冥之中都是神明的保佑。於是為了能重建原本落魄的豪德寺而捐款、甚至將豪德寺做為自家奉祀祖先的菩提寺，豪德寺因此繁盛了起來。

後來招手的貓咪去世後，和尚因為貓咪當初除了救了直孝，還替寺廟帶來了好運，便將貓咪的墓建在豪德寺內的招貓堂。舉右手的招福貓因而誕生，據說誠心向招福貓祈求，便會帶來吉運。這也是井伊家的居城彥根城所在的滋賀縣彥根市的吉祥物彥根喵的形象由來。

**【東京都新宿區自性院之說】**

戰國時代發生江古田原合戰時，處於劣勢又迷路的太田道灌（江戶城的築城武將）眼前突然出現一隻黑貓向他招手並引領他前往開戰地往東五百公尺的自性院。

太田道灌過了一夜想盡策略後，終於率領後兵取得優勢，獲得了勝利。太田道灌認為這次的勝利黑貓功不可沒，便將黑貓帶回江戶城，非常愛護他。貓咪去世後也慎重地埋葬並奉祀為貓地藏，現在自性院的地藏堂內還有貓地藏，傳說是招財貓的原型。

**【東京都台東區今戶神社之說】**

江戶時代末期，一位老婆婆因為經濟拮据，無法繼續飼養貓咪，不得不與愛貓訣別。之後老婆婆夢到貓咪說：「照著我的模樣做出偶像，我會帶來福氣。」老婆婆便開始燒陶製作貓咪像膜拜，果然帶來了好運，脫離了窮困。

**【江戶淺草新吉原之說】**

吉原三浦屋一位愛貓成癡的薄雲太夫，無論是睡覺或是上廁所，總是帶著愛貓小玉一起，外人便傳薄雲被具有魔性的貓咪魅惑。有一次薄雲上廁所時，三浦屋的主人經過，小玉咬著他的衣襬不放，主人認為小玉是鬼怪的化身，便將貓咪砍頭。貓咪的頭飛過天花板，打在潛伏在廁所裡的大蛇身上，大蛇死亡，救了如廁中的薄雲一命。

小玉的死讓薄雲感到痛心，主人也非常懊悔，便將小玉供養在西方寺的貓塚中。許多人以高貴的香木雕刻成貓咪的形狀送給薄雲，隨著愈來愈多貓咪雕刻的作品出現也吸引更多人購買，城市因此大繁盛。

## 23

# 日本人為什麼要留著曾經被琉球人指著大笑的月代頭呢？

近年來流行將周邊頭髮剃掉，只留頭頂的削邊油頭，和江戶時代以前流行只留兩側頭髮、剃掉頭頂的月代頭正好相反。髮型的變遷如此迅速，細想月代頭奇妙的構造，連琉球人初次見到留著月代頭的日本人都哈哈大笑了起來，到底為什麼日本的成年男性會將頭頂剃得光禿禿，只留下兩邊的頭髮呢？

白糸威二枚胴具足，是江戶時代的頭盔。（來源：國立東京博物館）

平安時代武士、貴族或是庶民男性會戴冠或烏帽子，當時其實就有為了不讓頭髮露出來而將額頭上方的頭髮剃成半月狀的習慣。到了戰事頻繁的時代，長時間配戴頭盔難免頭皮悶熱不舒適，加上動作一大，頭髮可能會散落遮擋視線，在分分秒秒都在拚命的戰爭之中是萬萬不可發生的事情，因此男性理月代頭雖說諸說紛紜，但還是這個理由最被廣為接受。

多數武士頭盔上其實還有開一個孔，稱為「八幡座」或是「天邊穴」，雖然和頭頂很近，感覺非常透氣，但除了透氣以外還有一個很厲害的理由，就是這個孔可以連結日本戰神八幡神，以祈求戰勝及武運，八幡神也會坐鎮八幡座守護平安。這也是為什麼頭盔的頂點總是會以金飾裝飾的原因之一。

戰國時代的月代不是用剃刀剃出髮型，而是將頭髮一根一根拔除，光是想像就覺得好痛！據傳當時要理一顆月代常常搞得血流滿面，嚇死外國傳教士！

十二間星兜鉢，是平安時代的頭盔。（來源：國立東京博物館）

24

# 跟日本女生聯誼時，被說是三枚目到底是什麼意思呢？

在日本人的生活用語中偶爾會聽到「電視裡那個男生是二枚目」、「上次的聯誼對象是三枚目」等對話，這些用語其實是從江戶時代流行的歌舞伎而來。表演歌舞伎的地方會將演員的名字寫在看板上掛出來，總共八枚看板，會按照該演員的角色排序：

**一枚目**：主角
**二枚目**：色男，美男子
**三枚目**：道化，搞笑擔當，通常是有趣但是又不帥的人
**四枚目**：中軸，值得信賴的前輩、可靠的人
**五枚目**：敵人
**六枚目**：實敵，雖然是敵人但是有著無法讓人討厭的要素

歌舞伎座的看板有固定的演員角色順序，第二枚就是讓人為之癡狂的帥哥。（來源：photoAC）

**七枚目**：實惡，敵人中的大魔王

**八枚目**：座長，劇場管理人

這些看板因為都會按照固定的順序排列，美男子一定都會放在第二枚，因此二枚目代表著美男、帥哥的思想便深植人心，直到現代也偶爾會在節目、日常生活中聽到或看到某某男星是二枚目等用法。現代也還算常用的三枚目代表有趣的人，如果出現在聯誼中就是炒熱氣氛的角色，雖然長得沒有像二枚目一樣帥氣，但是很好笑、人很好。

一九五〇年代，除了二枚目、三枚目以外，還出現了「二枚目半」的新用法，二枚目半可以用來指長得很帥的人卻可以演出非常滑稽有趣破壞形象角色的人，以近代最常被說的莫過於大家的千秋王子玉木宏了吧！

25

# 日本早在江戶時代就有萬聖節遊行？

日本的萬聖節遊行一直都是熱鬧歡騰的活動，每到了萬聖節，澀谷總是擠滿各式各樣裝扮的人們，據說參加人數每年都高達萬人以上，就連二〇二〇年受到新冠疫情影響，在澀谷慶祝萬聖節的人仍然非常多。

現代的萬聖節遊行大約是二〇一一年左右興起，但早在這之前的江戶時代，其實就有名為「節分鬼怪」的日本本土萬聖節活動，是京都一帶的風俗習慣。

如同活動的名稱「節分鬼怪」（節分お化け），這是一個在立春的前一晚所舉行的除厄儀式，與現代的萬聖節活動相似，會在節分的夜晚裝扮成與平時完全不一樣的造型。例如老人會梳成少女的髮型、男人會穿女人的衣服等等，總之就是穿著不符合自己年紀性別的裝扮前往神社寺廟參拜祈求平安。

日本人節分時會撒豆驅魔，節分是季節變化的時刻，難免會擔心各路鬼神趁隙而入，不被鬼怪襲擊最好的方法就是把自己也變成鬼怪！於是京都花街的藝伎、客人或是路人便開始打扮自己，在江戶時代末期是個熱鬧的地區活動，直到昭和初期才廢止。

另外在北海道也有類似於萬聖節討糖果的習慣，是七夕時舉辦的「交出蠟燭」活動。小朋友們大約六、七人結成一組，穿著浴衣手拿提燈，夕陽西下時在住宅區附近唱「交出蠟燭」的歌，並向鄰居要蠟燭，到了近代則是給糖果居多。

有人說這是移居至北海道的青森縣民帶入北海道的習慣，青森縣有睡魔祭的風俗習慣，在燈泡尚未普及之前，睡魔祭的大型睡魔道具都是利用蠟燭照明，因此才會讓小朋友們到家家戶戶索取製作睡魔的蠟燭。也有一說是為了讓小朋友對盂蘭盆節產生參與感而產生的活動。

圖說：熱鬧的萬聖節遊行與扮裝。
（chihyu chang 攝於東京表參道）

# 日本
# 奇妙知識
# 不思議

# CHAPTER 4

## 47都道府縣地方趣聞篇

# 01

# 北海道人幾乎不使用暖桌？

高緯度的北海道四季分明，春夏秋冬各有特色，春夏秋氣候宜人，有花季也有楓葉季，到了冬天更是白雪皚皚，相當寒冷。

要應付冬天除了開暖氣、穿厚一點、把自己包在棉被裡以外，日本人還有一個傳說中只要使用了就會變懶散的神器——暖桌。暖桌有暖爐又有棉被，桌面上還可以放食物飲料，除了上廁所以外的生活所需幾乎可以在暖桌中完成，簡直自成一個生活空間。甚至還有人說暖桌和橘子可是冬天之精華呢。

將冬天與暖桌劃上等號的人也大有人在，因此不難想像最北邊也最寒冷的北海道應該要擁有全日本最多的暖桌吧！結果北海道卻是全日本四十七個都道府縣中擁有暖桌數量比例最少的縣市，好幾年的調查中也顯示暖桌數量甚至少於溫暖的海島沖繩縣。擁有暖桌數量的都道府縣倒數前三名分別為第四十五名的東京、第四十六名的沖繩、以及全日本最少暖桌的第四十七名北海道。

北海道人之所以不太需要暖桌，其實正是因為他們的冬天非常寒冷，所以家家戶戶幾乎都裝設了中央空調暖氣，擁有煤油暖爐或是地板暖房系統的家庭也不在少數。道民並非不怕冷，而是他們很怕冷，畢竟距今一百多年前的一九〇二年一月二十五日，在北海道旭川市出現了日本氣象觀測史上最低氣溫「零下四十一度」，家裡光是有暖桌可無法對抗嚴寒的氣溫，所以他們才發展出其他抗冷神器。多虧了這些暖氣科技，一到冬天，北海道的室內溫度還是可以維持在二十二度左右，在家中也可以穿著短袖過生活，也因此不再需要暖桌了。

冬天必備的暖桌在北海道道民家中其實不常見。（來源：photoAC）

順帶一提，一九七八年二月十七日，北海道幌加內町母子里出現了零下四十一點二度的紀錄，只可惜這個地區不是日本氣象廳的公式紀錄對象，所以沒有列在日本最低氣溫日中，但是愛過節日的日本人為了紀念超級冷的這一天，還是訂定了二月十七日為「天使的呢喃紀念日」（天使の囁き記念日）。

02

# 日本最大的砂丘其實不在鳥取縣，而是在青森縣？

說到砂丘，通常第一個聯想到鳥取縣鳥取市的鳥取砂丘，他的總面積約五百四十五公頃，是日本最大的觀光砂丘，同時鳥取縣也是日本人口數量最少的都道府縣，無論是711便利商店還是星巴克，都晚其他縣市好幾年開。

若以日本人最喜歡用來比喻大小的東京巨蛋來說，鳥取砂丘大約是一百一十個東京巨蛋這麼大，如果還是不清楚有多大，大概是二點二兆張明信片鋪在地板上這麼大。

但其實青森縣東通村有一個比鳥取砂丘還要大上三倍的猿之森砂丘，又稱下北砂丘。總面積約一千五百公頃，也就是近三百個東京巨蛋、六點六兆張明信片鋪在地板上的大小。猿之森砂丘佔地多為沼澤地，砂地屬於鳴沙，也就是可能因為風或走路造成砂地產生聲音，是非常特殊的砂丘。

不過猿之森砂丘因為有大部分是屬於日本防衛省的彈道試驗場，平常會在這邊進行彈道試射和演練，一般人無法隨意進入，所以就連當地人也不見得知道這個地方。

雖然聽起來好像相當神祕，但其實猿之森砂丘除了中間敷地的地方無法進入，砂丘北側的尻勞和南側的小田野澤兩處還是有辦法前往，只是原本就不是做為觀光用地，所以就算開車過去也是相當麻煩且路途遙遠不便，南端的小田野澤漁港還有一段路是車輛無法進入只能徒步的區域，想要窺見這日本最大的砂丘可不是這麼簡單的事情呢！

鳥取砂丘。（來源：unsplash）

# 03

# 通往仙台和山形的JR仙山線電車是傳說中東北第一弱電車？

電車停駛的原因較常聽到的是下大雪、人身事故等，但你知道號稱是全東北第一弱的電車JR仙山線連起風、落葉都會停駛嗎？

這班連結宮城縣仙台站和山形縣山形站的JR仙山線總長五十八公里，主要使用者有仙台站和愛子站通勤的上班族和學生，也有通往作並溫泉和超過千階樓梯的山寺的觀光客，一天通過仙山線的人數約九千人，也算是當地使用頻率蠻高的路線。

但是在宮城縣、山形縣民之間有一個「仙山線東北最弱傳說」，就是指無論大雪、大風、大雨等惡劣天氣，所有東北的鐵道中唯一會停駛的就只有仙山線。只要天氣變化較為劇烈，班上唯一會因為電車遲到的永遠都是搭乘仙山線的同學。

會造成仙山線停駛的原因除了強風、大雪、因為大雪造成的除雪工作等天災以外，還常因為偶遇熊、猴子等動物誤闖而停駛，甚至也曾發生過因為秋天楓葉季大量的落葉造成車輪空轉而停駛的狀況。仙山線運行的路線本來就是在山谷之間，遇到動物的頻率高，也因為山谷間的風較平地強勁，軌道彎曲又多，所以為了人身安全，仙山線只要稍微起風就會停駛。

另外關東一帶還有以「比風雨還弱的武藏野線」出名的JR武藏野線，主要是埼玉縣內連接東西線路的電車，雖然有設置了防風柵欄，但是只要遇到強風大雨還是超容易停駛；以及連結東京和千葉的JR京葉線，比起地下鐵，京葉線較長路段是行駛在高架上，也會行駛在東京灣海岸線，所以更容易受到強風影響。

順帶一提，日本電車對於強風停駛的基準，基本上風速超過每秒三十公尺就會停駛，少數路線如西武鐵道、京成電鐵和京濱急行電鐵，在風速超過每秒二十五公尺還可以以低速運行。

04

# 秋田縣除了美女多也產酒豪

提到秋田，多數人會聯想到秋田美人。在二〇一八年總務省統計局出版的《日本統計年鑑》指出秋田縣年間平均日照長度只有一千五百二十六小時，遠低於日照時間最長的山梨縣甲府市兩千一百八十三小時，足足差了六百多小時的太陽。

秋田縣民因為不容易曬到太陽，因此皮膚都很白皙。也因為日照時間短，太陽很快就下山，古時候天色一暗便無事可做只能睡覺，秋田縣民的睡眠時間號稱是四十七都道府縣最多，充分的睡眠也可以讓皮膚變好，也許是這些因素而產生秋田出美女的傳說吧！

不過秋田可不只有出美人，也是著名的酒豪縣。曾任教於筑波大學的原田勝二教授曾經做了日本四十七都道府縣酒豪遺傳基因出現率的研究，酒豪遺傳基因指的是乙醛去氫酶，人體如果缺乏乙醛去氫酶就不容易清除酒精在肝臟中代謝出來的乙醛，會容易因為喝酒而臉紅、嘔吐，甚至是提高疾病的機率。

原田教授從全日本五千人以上的樣本數計算出酒豪遺傳基因出現率最高的都道府縣中，第一名就是秋田縣，在乙醛去氫酶遺傳基因出現率平均只有56%的日本，秋田縣民就高達76%！

也許是因為喝了酒不容易醉的體質以及秋田縣產的米做出來的日本酒非常好喝等因素，秋田縣民在另外一個全日本樣本數十四萬人的飲酒習慣調查〈喝最多酒的都道府縣排行榜【男性版】〉中獲得第一名，一星期有四天以上都在喝酒、一年喝超過兩百天以上的比例佔了35%，秋田女性也不遑多讓，僅僅小輸京都府和福島縣民而已。

愛喝酒也被譽為酒豪的秋田縣民在喝酒習慣上也有一個獨特的文化，通常在日本聚餐喝酒時，會等到人到齊後才乾杯，但是秋田縣民可等不及，就算主角還沒來或是餐會還沒正式開始，大家還是會以「練習乾杯」的名義先喝幾杯，在正式的聚會開始前，秋田縣民其實早就藉著練習乾杯的名義喝了好幾杯也說不定。

再提一個和秋田縣有關的有趣小知識，秋田縣號稱是全日本治安最好的都市之一，據說打開電視，比起社會案件，熊出沒的新聞還更多。在秋田的電視上，偶爾也會出現「秋田縣立○○高中畢業旅行第○天：今天平安無事地參觀東京鐵塔，正在返家的路上」這樣貼心的公告，讓在家等候孩子回家的父母光是看電視也可以得知小孩安全與否。如果有機會在畢業旅行的季節前往秋田縣，不妨打開電視看看秋田的地方企業提供的貼心服務吧！

## 05

# 青森蘋果、長野蘋果都超有名，但縣民壽命竟差這麼多！

說到日本的蘋果，第一個馬上會聯想到全日本生產大宗縣市——青森縣，根據農林水產省的資料，二〇一九年青森縣共生產了近四十一萬噸的蘋果，超過全國生產總量的一半。第二名則是生產十二萬七千噸蘋果的長野縣，第三名是生產近四萬六千噸蘋果的山形縣。從這個數據可以知道長野縣也是日本國內數一數二的蘋果大縣。

有一個都市傳說是青森縣民和長野縣民可以分辨各種蘋果的種類，實際上這兩個縣市的縣民雖然部份真的可以從外觀分辨蘋果種類，但有一個專門介紹季節食材的網站曾經找了長野縣民和青森縣民對決在削皮切塊的狀態下吃五種種類的蘋果並且判斷是哪一種。令人在意的對決結果是，五題裡面長野縣挑戰者和青森縣挑戰者都只對一題！可見蘋果的種類還是相當五花八門，無論是酸味、甜味還是脆度都各有不同，要仔細分辨其實非常困難。

而「一天一蘋果，醫生遠離我」這句俗諺雖有名，但就算長野縣和青森縣都是以出產蘋果聞名，兩個縣市的平均壽命卻是天差地遠！長野縣是有名的長壽縣，青森縣卻是常常在四十七都道府縣墊底的短命縣。據二〇一五年厚生勞動省統計全日本的平均壽命，長野縣的男性平均壽命是四十七都道府縣第二名，女性則是第一名；但是青森縣無論男性或女性都是最後一名。

根據長野縣的健康福祉部長對於民眾提問「為什麼長野縣民都比較長壽」的回覆中，分析長野縣民長壽的原因可能和較高的就業意願以及時常積極參與各種社會活動有關，也因為這樣對身體健康的意識很高。

至於為何青森縣在平均壽命排行榜時常吊車尾，主要可能和當地的飲食及生活習慣有關。例如在日本總務省往年的家計調查顯示，青森縣以家庭為單位購買泡麵的平均金額一年是六千三百日圓，而全國平均約四千日圓，整整高了一點五倍！泡麵湯的鹽份攝取量大約是五點五克，青森縣民喝湯也愛吃鹹，把湯全部喝完基本上就已經快要達到每日的鹽份建議攝取量，如果覺得其他食物的味道不夠重口味，也常會添加大量的豬排沾醬或醬油。

另外根據全日本的吸煙率調查，青森縣無論男性女性也都常常榜上有名，因此常被戲稱是短命縣。不過樂觀的青森縣民以此為賣點，曾經舉辦「青森縣把你給Kill旅行團」（青森県がお前をKILLツアー）。旅行的開始先到當地有名的玉田酒廠參觀，介紹大約十五分鐘左右就會開始讓大家喝酒，喝完酒後帶著團員們連吃兩家煮干中華湯麵，並且要求團員們一定要一滴不剩的將湯汁全部喝下肚。

在吃飽喝足之際，讓已經有些微醺又吃得太飽的團員們進行需要專注力的手工藝活動。回到飯店後則是提供各式酒類和當地有名的醃漬物，宵夜則是數量繁多又任君挑選的泡麵。隔天一大早則是在團員們還在宿醉的狀態下帶著大家去滑雪。兩天一夜的行程真的讓人感到減壽！

不過近年來青森縣開始推廣健康飲食，也許會慢慢脫離短命縣稱號，朝著長壽縣邁進！

06

# 比栃木縣日光東照宮更古老的「非禮勿視勿聽勿言」三猿在茨城？

茨城縣筑波山神社內日枝神社的三猿比日光神社早三年。（來源：photoAC）

祭祀幕府第一代將軍德川家康、太閤豐臣秀吉以及鎌倉幕府第一代將軍源賴朝的日光東照宮位於栃木縣日光市，一般東照宮不會冠地名，但因為日本有太多東照宮，為了做出區別才稱作日光東照宮，是日本眾多東照宮的總本社。

日光東照宮有許多精緻又富含意義的雕刻，每年都吸引上萬名觀光客前來參拜，最高單日觀光人次超過一萬人。東照宮內有許多動物的木雕，例如眠貓和麻雀和平共處代表了天下太平，以及台灣人也很熟悉，代表著「非禮勿視勿聽勿言」的三猿。

日光東照宮的三猿世界馳名，許多觀光客都想親眼目睹這隻江戶時代初期（1636）創造的三猿，但其實位於茨城縣筑波山神社內的日枝神社有一個一六三三年就存在的三猿，比日光東照宮的三猿還要早三年。只是不像日光東照宮的三猿經過修繕，日枝神社的三猿更有時代的滄桑感，人氣也沒有這麼高，不仔細尋找可能還會錯過呢。

筑波山神社有著三千年歷史，將東側的筑波山視為神體、聖山祭祀。有趣的是筑波山當地有許多蟾蜍相關的伴手禮，還有蟾蜍祭典，十分熱鬧有趣。在江戶時代時，筑波山最有名的就是可以用來塗抹在傷口上的軟膏——蟾蜍油。

據說要提煉蟾蜍油，要將蟾蜍放在鏡子前，牠會被自己的長相嚇出滿身油，這個油是中華大蟾蜍耳後腺和皮膚腺所分泌出來的蟾酥，傳聞可以用來解毒、止痛、強心，但是第二次世界大戰後，因為蟾酥被列為指定醫藥品，所以無法再繼續製作販賣，現在做為觀光名產販賣的是沒有使用蟾酥的藥膏「陣中油」以及品項繁多的蟾蜍商品。

07

# 群馬縣不思議

自然景觀美麗的群馬卻常被當作揶揄的對象。（來源：photoAC）

群馬縣在大家的心目中是什麼樣的形象呢？群馬縣與栃木縣、埼玉縣、長野縣、山梨縣、岐阜縣、滋賀縣、奈良縣一樣不靠海，環山圍繞，自然景觀非常漂亮，也因為群馬縣本身長得很像一隻鶴，因此很多當地人會利用鶴的部位當作地理位置的說明基準，例如全世界僅有四處哈根達斯工廠的其中一處就位於群馬縣的鶴脖子。

但群馬縣認真說起來似乎不比其他縣市來得有趣，在二〇二〇年的四十七都道府縣魅力排行榜中位於第四十名，連續多年平凡又不有趣的成績讓群馬縣成為一種惡搞梗，出現在一部銷售量超過五十萬的漫畫《少年你對群馬一無所知》之中，畫出關於群馬與其他縣市有所不同的地方，後來甚至拍成日劇和電影，讓更多人對群馬不思議更有興趣。

那麼用反向操作獲得注目的群馬，到底有什麼不可思議的地方呢？

首先是有超級多的赤城神社，如果想要去赤城神社參拜，打開地圖一找會發現群馬縣內有一百一十八間赤城神社，而全日本不過就三百三十四間赤城神社而已。有一說為赤城神社的神體就是座落於群馬縣境內的赤城山，自古以來日本人就視山為神，因而產生了山岳信仰，神社慢慢開始建造發展之後，便以赤城山的名字為神社之名。

此外，像是在台灣的學校，上課前會由班長發號施令「起立、敬禮、坐下」，在日本的中小學校也一樣，只是在群馬縣和部分宮城縣的學校會是「起立、注目、敬禮、坐下」，一定要先注視著老師才可以敬禮。各個城市學校的習慣多少有些不同，是可以分辨出身地的好方法。

另外還有一個很有趣的群馬縣強風傳說，群馬縣因為四面環山，有一種特別的「空風」，風在越過山脈時，溫度和氣壓下降，空氣中的水氣在山上變成雨，所以風越過山後變得非常乾燥，加上冬季的西北風讓風速變得更為強烈，強風變成群馬縣的特徵之一。據說在群馬縣時常看到被風吹得東倒西歪的腳踏車和招牌，學生們也因為在狂風中騎腳踏車鍛鍊出壯碩的大腿，甚至上學遲到的理由也常常是因為「風太大」呢！

08

# 埼玉縣沖警報？難道埼玉縣有海了？

埼玉縣和群馬縣一樣是個沒有臨海的城市，也同樣是個被漫畫《飛翔吧！埼玉》揶揄成進出東京需要通行證的都市指數超低城市。

在二〇一四年大型強颱登陸日本時，日本氣象廳發布了「埼玉縣沖」警報，沖這個字在日本氣象廳的解釋是「海或是離岸邊有點距離的場所」，但是埼玉縣沒有海，所以當這個警報出來的時候，日本鄉民們在網路上暴動了起來，紛紛尖叫著：「埼玉縣終於有海啦」或是「要出現埼玉縣沖警報的話，千葉縣早就沉在海地啦」，是個埼玉縣民心中出現海的衝擊時刻。

雖然專家解釋「沖」這個字也可以表示廣闊的田野，所以氣象廳發布的「埼玉縣沖」其實也是要居民注意因颱風造成的土砂災害。但是水字旁的沖還是讓沒有海洋的埼玉縣民充滿了無限遐想呢！

埼玉縣曾在二〇一二年「四十七都道府縣胸部平均大小評比」中獲得全日本唯一A罩杯的縣市，從那時候開始埼玉縣民就一直被揶揄胸部小、也時常把這件事情當作梗來自嘲。不過在

熊谷櫻堤。雖然是全日本最熱都市紀錄保持人，但春天的熊谷市有優美的櫻花景致。（chihyu chang 攝）

二〇一八年一樣的評比中，埼玉縣民竟在這幾年間不可思議的升級為D罩杯，擺脫了胸部最小縣民的頭銜。

現在生活中很常出現各種來自埼玉縣的商店或是商品，例如知名的全家便利商店一號店就是在埼玉縣、有名的冰棒「嘎哩嘎哩君」也是埼玉縣發祥。

另外也一直讓埼玉縣民引以為傲的還有號稱是全日本最熱都市——埼玉縣熊谷市。日本最高氣溫出現在二〇一八年七月二十三日，由熊谷地方氣象台觀測高達攝氏四十一點一度。不過這個紀錄在二〇二〇年八月十七日也被靜岡縣濱松市追上，兩個地方都是攝氏四十一點一度，並列日本最熱都市。

# 09

# 奈良也曾經有迪士尼樂園？

說到奈良，想必會聯想到奈良公園裡追著拿仙貝的旅客的鹿，據傳奈良公園裡有大量的鹿，是因為春日大社的祭神武甕槌命（タケミカヅチノミコト）從茨城縣的鹿島神社騎著神鹿來到奈良，因此鹿被視為神明的使者，自然人們也就非常保護這些神聖的動物。

奈良是超越千年的古都，依據奈良縣歷史文化資源資料庫，早在古墳時代、飛鳥時代和奈良時代中央政府就在此地建設了很多古墳和陵墓，能夠擁有古墳和陵墓的人也幾乎是當地有名的望族，因此奈良的地底下其實埋藏了非常多的寶藏或遺跡。也因為這個原因，奈良在蓋新建物時，不小心挖出了歷史古物而不得不中止施工的狀況也時有耳聞，甚至當地人還開玩笑說搬了五次家，每一次都挖到了千年土器，這輩子應該很難在奈良蓋房子了！

除了有許多貴重的遺跡文物和神鹿，奈良還有一個比東京迪士尼更古老的迪士尼樂園——奈良夢幻樂園！

比一九八三年東京迪士尼更早出現的奈良夢幻樂園在一九六一年開業，由於日本的歌舞伎演員兼企業家松尾國三當時想要在奈良開迪士尼樂園，並且也想親自和華特迪士尼洽談，但是一直沒有獲得建造迪士尼樂園的授權。倒是他的熱情讓迪士尼感動，迪士尼公司還派出團隊教導松尾國三一些關於遊樂園經營相關的知識。

松尾國三後來真的蓋了一座遊樂園，但卻是有八成七像迪士尼樂園的遊樂園，並且在完全沒有拿到授權的情況下打著日本迪士尼的名號吸引客人，一九七〇年代尖峰期的旅客數甚至高達一百五十萬人。據說華特迪士尼知道後大怒，吼著再也不要跟日本人合作，也導致千葉縣的東京迪士尼在誕生之前被迪士尼公司果斷拒絕過一次！

雖然曾經以盜版的迪士尼樂園風光過一陣子，但最後還是在二〇〇六年閉園，並於二〇一九年將園區內所有設施拆除，奈良夢幻樂園正式走向歷史。

10

# 富山縣公立高中沒有泳游池？游泳社團超稀有

在日本總務省社會生活統計指標中的「公立高中游泳池設置率」中，從一九九六年開始至調查為止的二〇〇六年，富山縣四十三所公立高中完全沒有設置游泳池。二〇〇六年全日本公立高中游泳池設置率高達64%，但是富山縣仍舊始終如一，維持永遠的零。

那麼，瑰麗的高中生涯裡，想必除了戀愛，社團活動更是不可或缺的青春回憶之一吧！如果沒有游泳池，那想在游泳池裡揮灑青春汗水的富山縣公立高中游泳部成員們又該怎麼辦呢？

根據日本學校網站查詢了富山縣四十三所公立高中所有校內設施和社團活動的結果，四十三所公立高中裡，僅有三所學校有設立游泳部，而這三所學校都沒有校內游泳池，需要社團活動時都必須借用他校或是公共游泳池。富山縣公立學校游泳部是相當珍貴的社團！

從「公立高中游泳池設置率」資料中，一九七五年開始幾乎各家公立高中的游泳池都在不停的增加，只有富山縣在倒退。據說富山縣不在公立高中設置游泳池，有可能是當地氣候在冬季是豪大雪，泳池的使用頻率沒有那麼高，加上公共游泳池的設備完善，所以以富山縣縣民有名的勤勞、認真、不浪費的個性，可能就是不想在公立高中內多蓋游泳池的原因吧。

日本的學校社團種類繁多，除了熱音社、弓道社、柔道社等大型有名的社團以外，也有一些稍微冷門的社團，例如研究各式各樣交通工具的交通機關研究社，吸引了國高中對鐵道、飛機有興趣的學生參加，社團成員們會舉辦聽發車音樂猜站名等困難但有趣的活動。有些學校還有南美樂器社，專門教導演奏平常不常見的特殊樂器，據說也相當熱門。

相信有蠻多人在國高中時代是參加「回家社」，也就是到了社團時間就直接回家的無社團活動。但是總會有一群人想加入社團卻又選不出適合自己的活動，又或者是想參加不勞心費神的社團，又或是覺得不參加社團就沒有青春的人生，傳說中有少數幾個學校有「坐著社」，顧名思義就是所有成員們一起坐下來，一言不發的度過社團時間。這樣也算達成參加社團但是什麼事都不想做的目的了吧！

# 11 忠犬八公的臟器在東大展示中！

東京是日本人口第一多的都道府縣，光是東京都就塞滿了一千三百九十四萬人，等於是塞了半個台灣的人口在台南市。也因此，東京都的房價宛若天價，光是停車位的月租甚至會高過於其他縣市的房租，但東京帶給人的潮流感、現代感，仍讓不少其他都道府縣的人趨之若鶩。

不過也正因為東京已經如此有名了，像是新宿車站和梅田車站哪個才是迷路大魔王、東京人被說冷漠的時候心裡其實覺得冷漠的根本是上京的外縣市人等地方趣聞比比皆是，那麼就來介紹一下日本首屈一指的東京大學吧！

在英國高等教育專門誌世界大學排行榜中，東京大學榮獲第三十六名，芥川龍之介、夏目漱石、三島由紀夫、川端康成、太宰治等名人都是校友。前身是幕末時期的東京開成學校和東京醫學校，於一八七七年合併成立東京大學，是日本第一間仿歐美各國教育制度的新學制大學。東京大學校園內有利用舊的論文、考試用紙等等做成的專門衛生紙，連和凡人如我們用來擦屁股的東西都不一樣，除此之外，東大還有全日本唯一的——忠犬八公的臟器！

八公是一九二三年誕生的秋田犬，也是東大農科部講師上野英三郎的愛犬。每天上午他出門上班時，八公都會目送心愛的主人離開，有時甚至會跟到澀谷站。一九二五年上野英三郎在會議後腦溢血死亡，再也沒有回家。不過八公還是每天到澀谷站等待上野英三郎，一等就是十年。八公的事蹟感動了許多人，澀谷站知名景點忠犬八公像甚至也是在八公還在世時建造的。

不過在一九三五年，八公因病逝世，遺體送往上野英三郎曾就任的東大農學部進行病理解剖，在八公的心臟和肝臟發現了大量的犬心絲蟲，後來也發現了心臟和肺部都有癌症的跡象。八公解剖完畢後，世人想讓八公永留於世，於是將八公製成了標本，目前展示在國立科學博物館中，部份內臟標本也展示在東京大學農學資料館，可惜的是八公的骨骼標本在二次世界大戰中燒失。

除了澀谷站的忠犬八公像以外，東京大學內也有已經盼到主人的八公和上野英三郎博士銅像，也算是一圓八公長達十年的夢了吧。

12

# 問橫濱人出身地，絕對不會回答自己是神奈川縣民？

童年守著電視時最常看到的場景之一。不過灌籃高手的湘北高中取景的原型皆不在神奈川縣。（來源：photoAC）

說到神奈川縣，七、八〇年代的人應該會聯想到一個看得到海的平交道，女子三人在平交道的另一側，而一位紅髮男子甩著書包帥氣的站在路上的情景吧！沒錯，就是著名的灌籃高手揮灑青春汗水的地點。

神奈川縣也有許多知名的景點，例如橫濱中華街、箱根、小田原城。但是若要說神奈川縣有沒有什麼和其他都道府縣不一樣的地方，想必就是被問到「你來自什麼縣？」時，一般都道府縣民眾都會直接回答「北海道」、「福岡」等縣名，但橫濱市民會非常自傲的說「我是橫濱人！」根據日本網站調查結果，有八成的橫濱人不會說自己是「神奈川縣人」。

橫濱人對自己的城市非常自豪，據說橫濱市民從小的教育就有著強烈的「愛市精神」，日本商業施設新聞中由新井谷千惠子撰稿的〈會唱橫濱市歌是理所當然的事〉一文中，有提到可以利用會不會唱橫濱市歌來判斷是不是橫濱市民。新井谷千惠子提到自己從小學、中學至高中都是在橫濱市就學，直到大學才前往東京就學，她發現自己唸書期間唱橫濱市歌的次數比唱國歌還要多，甚至在中學的音樂課還有專門解析橫濱市歌的課程。

喜愛紀念日的日本人也會替自己的都道府縣設「縣民日」，整個關東一帶有一月十三日的茨城縣民日、六月十五日的千葉縣民日及栃木縣民日、十月一日的東京都民日、十月二十八日的群馬縣民日、十一月十四日的埼玉縣民日。唯獨神奈川縣沒有神奈川縣縣民日，卻有以橫濱開港紀念日的六月二日做為市立學校可以放假的節日。

在歷史上橫濱也佔了重要的角色，黑船來航後，從原本的小漁村發展成外國人聚集、商業繁盛的大型都市，也難怪橫濱人會這麼以自己的出身地為傲。

# 13

# 新潟縣除了米還有全日本最多間神社

新潟縣的米很好吃是眾所皆知，為什麼會這麼好吃，其實和新潟縣肥沃的土地、適切的氣溫有關。根據新潟縣總務管理部統計課的資料，二〇一八年新潟縣的水稻收穫量高達六十二萬噸，為全日本第一。

新潟縣總人口數約兩百二十二萬，農家人口數約二十一萬人，當需要收割稻米的季節來臨時，無論是公司或是學校，都會出現「因為要收割稻米所以必須請假」的農家子弟，對其他縣市的人來說應該算是蠻獨特的請假理由吧！

以米出名的新潟縣除了米，在十九世紀末因為農業興盛以及有海運全盛期的北前船停靠於新潟縣，曾經是全日本人口數最多的城市。一八八八年的人口調查中，全日本人口數約為四千萬人的年代，新瀉縣人口就高達一百六十六萬人，當時的東京排名第四，約一百三十五萬人，不過東京都在二〇二一年的人口調查則是接近一千四百萬人，等於是全日本接近十分之一的人口都聚集在東京。

新瀉縣民在當時約有九成左右的人口從事農作，也因為農耕而自然產生許多村落，人多村落多，所以神社的數量也相對的多了起來。也有人說農民們為求五穀豐收所以興建了許多神社，造成新瀉縣的神社數量為全日本第一。

根據日本文化廳宗教統計調查中，二〇一九年全日本共有八萬〇九百三十四間神社，新潟縣就有四千六百八十九間神社，為全日本都道府縣神社數量第一名；而神社數量最少的縣市為沖繩縣，歸屬於神社本廳的八萬間神社中，沖繩只佔了其中的十間。

順帶一提日本的便利商店數量約五萬八千間，和八萬間神社相比少了非常多！

另外有趣的是以幕末及明治維新為時代背景的知名漫畫《浪客劍心》是東京都出生、新潟縣長大的和月伸宏的作品，在《浪客劍心》中出現的角色名字其實許多都是新潟縣的地名。例如陪伴著劍心的明神彌彥來自於新潟縣彌彥村、神谷薰則是越路町神谷、女忍者卷町操則是卷町，故事中出現的角色姓名幾乎可以從新潟縣的地圖上找到喔！

新瀉縣的彌彥神社。（來源：photoAC）

14

# 石川縣金澤市民超愛吃冰

每一年日本總務省統計局都會統計各個城市購買食品的平均花費，其中石川縣金澤市有一個絕對不會讓給其他城市的食品，那就是「冰淇淋」。從日本總務省統計局二〇一一年至二〇二〇年購買冰淇淋的統計數字來看，九年間金澤市就拿下六次第一名，二〇二〇年金澤市更以一萬兩千六百五十五日圓奪得歷代每家庭每年購買冰淇淋的最高金額。

另外兩次則是富山縣富山市，每一個家庭平均一年花在購買冰淇淋的金額高達一萬日圓。意外的是海島沖繩縣那霸市的冰淇淋購買金額多次最後一名，每家庭的年間消費金額幾乎只有金澤市的一半。

金澤市民到底為什麼如此嗜冰如命呢？據說是和當地的氣候很有關係，金澤市夏天的平均氣溫約二十六至二十七度，當地人認為是吃冰最適合的溫度。若是到了冬天，因為時常下大雪，所以室內暖氣跟北海道一樣會開得很暖和，一年四季都維持在二十六度左右的氣溫，在冬天的暖氣房裡吃冰似乎也是一種享受。

另外金澤市觀光協會也有提到金澤的茶道文化和菓子文化已經深入市民心中，喜愛甜味的金澤市民非常多，所以也喜歡富有甜味的冰淇淋。熱愛冰淇淋的石川縣金澤市民們，當然也不會錯過每年五月九日的「冰淇淋日」。「冰淇淋日」是在一九六四年由日本冰淇淋協會制定的紀念日，當時為了推廣冰淇淋，日本冰淇淋協會到處發送免費的冰淇淋，甚至舉辦多次冰淇淋小姐的選美比賽。

會選定五月九日有蠻多種說法，其中一種是一八六九年，被譽為日本冰淇淋之父的町田房藏在橫濱開設了日本第一間冰店「氷水屋」，販賣冰淇淋（當時稱為「あいすくりん」）。小小一碗冰淇淋在當時要價金二分，約現代八千日圓左右，是庶民無法輕易品嚐的高級品。據說開始製作冰淇淋的日子就是五月九日，開始販賣的日子則是六月。

另外在一八六〇年因為日美修好通商條約的關係，日本派出了使節團前往美國，當時美國的晚餐附了冰淇淋當甜點，讓使節團一行人眼睛為之一亮，據說這些人是第一批吃到正統冰淇淋的日本人。

因此每到了五月九日，不只是石川縣金澤市，全日本許多店家都會依循日本冰淇淋協會免費發送冰淇淋的傳統，超市和店家也會給予較為優惠的冰淇淋折扣，相信金澤市民也會趁著這個日子大量添購冰淇淋吧！

# 15

# 福井縣走著走著就會碰到社長，而新瀉縣走著走著就會碰到漫畫家！

福井縣以日本九成五的眼鏡都來自於福井縣鯖江市、擁有恐龍博物館、家家戶戶都很會吃螃蟹以及全日本唯一沒有永旺超市（Aeon Mall）的都道府縣等等印象深植人心。根據日本綜合研究每兩年所做的調查「四十七都道府縣幸福度排行榜」，福井縣更是從二〇一四年至二〇二〇年連續四次蟬聯都道府縣幸福度第一名。

福井縣還有什麼引以為傲的數據呢？根據日本最大信用調查公司帝國資料銀行的調查，從一九八二年到二〇一九年，連續三十八年社長輩出率（出生於各都道府縣的社長人數除以該都道府縣人口）都是最高。

粗略一算福井縣出生的社長約有一萬〇六百〇七人，福井縣人口約七十八萬九千人，在路上走著走著每遇到七十四個人，就有一位是社長。當然社長會這麼多，其實和福井縣生產百分之九十以上的眼鏡有關，除了眼鏡相關的業者，還有福井從古至今就有名的纖維產業等各種獨立產業。像是去日本玩隨處可見的APA飯店，房間內小冊子上出現的APA社長元谷芙美子就是福井縣福井市出生。

而新潟縣則是以漫畫家大國聞名。根據新潟縣立圖書館對於「新潟縣出身的漫畫家很多的理由」做出的文獻調查中，在新潟鄉土史研究會編撰的《新潟「地理・地名・地圖」之謎》一書有提及一位同人漫畫家指出新潟縣冬天很冷、積雪又深，沒有辦法外出，只能在家裡畫漫畫。

另外也有評論家說明新潟縣很多漫畫家的原因是因為新潟縣民有著滿滿的好奇心和進取精神，也有在雪國之下鍛鍊出來的堅韌，因此能夠從事需要大量耐心的漫畫家工作。

實際上無論在一九九二年出版的《日本漫畫家名鑑500》或是近年網路上對於漫畫家出身地的調查，新潟、北海道、東京、千葉及神奈川等地的漫畫家的確比其他都道府縣還要多。以《犬夜叉》聞名的高橋留美子、繪製出膾炙人口作品《棋魂》、《死亡筆記本》的小畑健和直到現在台詞仍常常被拿出來當梗的《中華一番！》的作者小川悅司都是新潟縣出身的知名漫畫家喔！

福井名物之一為恐龍。（來源：photoAC）

16

# 新商品發售前必先經過靜岡和廣島？

說到靜岡縣，應該會想到富士山、足球、熱海溫泉以及「日本的縮圖」之稱吧！要說為什麼會被稱作「日本的縮圖」，是因為無論是日本國民的年紀、全國縣市的物價以及各個家庭的平均消費，靜岡縣都是全國數據中的平均值。

論地形，靜岡縣位處東日本及西日本的交界處，背山面海，有都市也有農村，氣溫合宜，市場規模適中，無論怎麼說都是一個非常平均也沒有太多特例的都市。這樣的特性非常適合做為推出商品時的市場調查，從靜岡縣獲得的顧客回饋也可以用來揣測全日本的消費者心聲。

同樣的，廣島縣有山有海，各產業分布也和全日本的平均值相近，廣島縣民的所得也是平均值，也被稱作「日本的縮圖」，因此廣島縣也很常被當作市場調查的對象。事實上真的有很多家企業會先從靜岡縣和廣島縣開始試賣商品，並且透過兩縣縣民實際的反饋來改良商品，再發行到全日本各地，反之若是靜岡縣和廣島縣民普遍的評價都不太好，就會直接中止販賣。

例如便利超商龍頭曾在靜岡縣試賣年輪蛋糕、大廠牌洋芋片公司曾在靜岡縣推出其他縣市

靜岡縣。（來源：photoAC）

廣島縣宮島。（chihyu chang 攝）

買不到的煙燻干貝口味、擔擔麵胡麻味噌口味，甚至菸酒也都曾經在靜岡縣推出新開發的商品進行市場調查，節分時吃到的惠方卷最早也是在廣島縣開始試賣。

會成為市場調查發售新商品的首站，和日本人最愛提及的「縣民性」也有關係，縣民性是指日本四十七個都道府縣所居住的縣民氣質，受到生長縣市的文化、歷史、地形以及氣候等影響，締造出不同的民族性。就像有人說臺南人很熱情、高雄人很直率、臺北人很冷漠這種刻板印象，日本四十七個都道府縣更是有著包羅萬象的縣民性。

普遍刻板印象認為大都市人都比較喜新厭舊，對於貼著「新商品」的標籤總是毫不猶豫地購買，加上大都市的人口數眾多，數據可信度太低並且成本太高。相對的，靜岡縣民的民族性通常是謹慎保守，不太會被廣告文宣影響而衝動購物，這樣才可以更準確的判斷民眾真實的購買慾望。如果有機會到靜岡縣和廣島縣逛逛，說不定超市裡的「新商品」都是該縣市才有的稀有逸品呢！

# 17……

# 全日本只有三重縣的柏青哥可以在跨年夜營業？

說到日本的「風俗」，大家心裡所想的應該是日本街道上一家接著一家櫛比鱗次的矮房建築，玄關處坐著一位穿著艷麗的女性朝著你擠眉弄眼，但你一旦想拿起相機記錄這美景，馬上會被美女旁邊的婆婆大聲斥責，充滿著慾望與好奇的街道總是上演著這樣的畫面吧。

原本風俗的意思與台灣一樣，指的是生活上長期形成的風尚與習慣。一九八〇年代，日本的性風俗產生了高度的多樣性，慢慢地「風俗」這兩個字所代表的意義就較偏向關於性產業的「風俗店」。

但在昭和時代的日本，盛行的高級料亭、撞球店、柏青哥、麻將、遊戲中心，都算是日本人生活上的風俗習慣。根據一九四八年所公布的風營法（風俗營業規制與業務適正化等相關法律）中第二條定義，這一類場所其實也都稱作風俗營業。

日本第一家獲得正式營業許可的風俗營業，是一九三〇年在名古屋開業的柏青哥店。柏青哥對部分的日本人而言有著迷人且難以自拔的魅力，要說柏青哥的歷史，可以追溯至一九〇〇年從歐洲誕生的彈珠台遊戲機。在當時因為機台都是架在牆壁上，因此又有著「牆壁機」（wall machine）的稱呼。玩法與現代的彈珠台相同，投入硬幣後，利用發射彈珠，在軌道和障礙物之間碰撞以此得分的遊戲。

不過柏青哥店其實在上述的風營法之中也有規定晚上十二點後不可繼續營業的規制，每一個都道府縣關於柏青哥營業時間的細項條例也有所不同。例如東京都晚上十一點後至隔天早上十點都不可以營業，幾乎所有的柏青哥店營業時間都大約在早上九點、十點至晚上十一點左右。

唯有一個縣市在跨年夜可以通宵營業，那就是三重縣。三重縣有著每年參拜者數八百萬以上的人氣，到了新年一月一日的參拜（初詣）更是吸引六十萬人左右前往。雖然在每年初詣的參拜人數排行榜中不到前二十名內，但卻因為三重縣自己的條例，以「提供給參拜的民眾借用廁所」為由，四十七都道府縣中，只有三重縣的柏青哥店可以正大光明在跨年夜營業。

# 18

# 跟京都人吵架的話，滋賀人可以停止供應琵琶湖水源嗎？

滋賀縣民以琵琶湖為傲，如果隨機在路上抽問滋賀縣民，琵琶湖的大小是滋賀縣的幾分之幾時，滋賀縣民幾乎可以全民秒答「六分之一」。就跟群馬縣會用鶴的形狀來描述地理位置一樣，滋賀縣民偶爾也會用琵琶湖的上下左右來表示位置。

相信常看日本綜藝節目的讀者們都不陌生，滋賀縣和京都府的民眾常常會吵琵琶湖的問題，這是因為琵琶湖的水從明治時代開始供應京都市的自來水以及水力發電至今，稱為「琵琶湖疏水」，甚至還成為國家訂定的史跡之一。值得一提的是，被譽為建造日本近代土木工學之基礎的田邊碩郎，在學期間就對琵琶湖疏水工程有所研究，大學的畢業論文便以此為主題，發表了同時被海外雜誌刊載甚至是獲賞的「琵琶湖疏水工程」一文，在年紀輕輕的二十三歲時（一八八三年）就被京都府聘請成為琵琶湖疏水工程負責人，一手扛起這個龐大的企畫。

當京都人與滋賀人意見相左的時候，滋賀縣民常常將「把你們京都的水停掉喔」掛在嘴邊，滋賀縣民認為京都市的發展之所以繁盛是因為滋賀慷慨將琵琶湖分過去造成的。

琵琶湖白鬚神社，一望無際的湖面像海一樣遼闊。（梅用知世攝）

但是到底滋賀縣有沒有辦法說停就停呢？答案是不行的，因為管理琵琶湖水閘門的是京都市上下水道局，因此不是滋賀說了算！雖然每一年京都都從琵琶湖引流約兩億噸的水源，但是這兩億噸也不是白拿的。京都可是有支付滋賀「琵琶湖疏水感謝金」每年約二點三億日圓的費用，並且每十年會依據物價變動調整價格。滋賀和京都簽訂了這樣的契約，除了京都可以大聲說「你們滋賀才停不了琵琶湖水呢！」以外，滋賀還可以運用這一筆感謝金做山區植栽等維護琵琶湖的工程，就兩個縣市而言其實都算是雙贏的局面吧！

19

# 和歌山淡嶋神社除了人偶共養，還可以奉納內褲？

淡嶋神社的人偶群，看久有種陰森的感覺。（梅用知世攝）

和歌山縣和歌山市加太的淡嶋神社是全日本淡島神社、淡鹿神社和粟島神社的總本社，如果曾經去過淡嶋神社，應該也會對神社內供養滿山滿谷的日本人形、雛人形、招財貓、信樂貍印象非常深刻，甚至也有這些人形的頭髮每一年都會變長的都市傳說。

日本人認為萬物都有神，尤其相信靈魂會寄宿在人形裡，所以會像供奉死者一樣將人形供奉在神社或寺廟中，稱為「人形供養」。這些人形有靈性，當然不能隨意丟棄，因此不只是淡嶋神社，全日本各地也都有提供人形供養的神社或寺廟，每一年部份地區還會舉行「流雛」的民俗行事，也就是將身上的穢氣移轉到人形上，再將人形放水流以達到淨身的目的。但是這些人形供養並不是將人形帶過去或郵寄過去就可以，必須先向神社或寺廟進行人形供養的申請，接下來也會依照人形或玩偶的大小決定供養的費用，之後將人形安置好後還會誦經再做處置。

以人形供養廣為人知的淡嶋神社除此之外，還有一個特殊的奉納——女性內褲。

淡嶋神社的主祭神是少彥名命、大己貴命（大國主神）和息長足姫命（神功皇后），這三位祭神和淡嶋神社的歷史息息相關，根據淡嶋神社的官方網頁，神功皇后在三韓出兵之後準備返程的路上，在瀨戶海遇上激烈的暴風雨。神功皇后在快要沈船的船中向神祈禱，獲得了天啓：「將船的苫（草製編織物）丟入海中，讓船順著苫的流向前進。」

照做之後果真抵達了一座島，這座島叫做友島，祭祀少彥名命、大己貴命。神功皇后為感謝救命之恩，便將來自三韓的寶物奉納給二神。數年後，神功皇后的孫子德仁天皇來到友島狩獵，聽聞了當時的事情。他覺得島還是有些許不方便，便將神社移至對面的加太，並建設社殿，這就是淡嶋神社的起源。

主祭神少彥名命是日本醫藥之神，據傳對婦女病、安產、求子等等特別靈驗，吸引了許多女性前來參拜。曾經無論男女為了求子或祈禱病癒甚至會將自己生殖器的一部分奉納，現在則多為女性為求婦女病康復，將內褲裝在塑膠袋內投入淡嶋神社專門的奉納所中。

# 20

# 出雲大社每年有一次參拜要「二禮、八拍手、一禮」

鳥取縣和島根縣兩縣除了第一個字長得非常相像，實際上也有許多日本人無法正確的指出這兩縣在地圖中的位置，甚至在新聞媒體中也常出現本來要寫島根縣的新聞結果卻寫成鳥取縣的失誤。不過鳥取縣有自豪的砂丘、名偵探柯南、因幡白兔，在二〇一五年五月二十三日之前，還是全日本四十七都道府縣中唯一沒有星巴克的縣，甚至還被揶揄鳥取只有「砂場」（すなば）沒有「星巴克」（スタバ）。

至於讓島根縣引以為傲的就是出雲大社了，而且到了舊曆十月，全日本的神明都要聚集到出雲開會，其他縣市都是「神無月」的時期，只有島根是「神在月」，舊曆十月的島根縣毫無懸念的是全日本最強。

也因為八百萬神要移動至出雲，所以出雲一帶在舊曆十月十日就有許多迎接神明的「神迎祭」；舊曆十月十一日至十七日之間有「神在祭」，這時候神明會聚在一起決定人類的大大小小事情，例如稻物收穫或是姻緣等大事。特別是出雲大社的主祭神是大國主神，因為和許多女神結婚，所以人們也會前往祈求良緣，舊曆十月十五日和十七日在出雲大社還有「緣結大祭」，讓良緣獲取率更加倍！

另外有前往出雲大社參拜過的讀者們，應該也有發現出雲大社的參拜方式和其他神社略有不同。一般神社參拜的方式是「二禮、二拍手、一禮」，也就是搖鈴後投入賽錢、深深鞠兩次躬，拍兩次手再鞠一次躬的順序，但出雲大社傳承了古神社的禮儀作法「二禮、四拍手、一禮」。使用四拍手的理由是因為自古以來數字「八」代表無限，所以對神明拍手八次表示無限的敬意，但是八拍手的作法僅需在五月十四日一年一度的勅祭中實行即可，其他時候用八的一半四拍手，也可以表示虔誠之心。

位於島根縣的出雲大社。（梅用知世攝）

出雲大社前舉辦的活動。（梅用知世攝）

21

## 丸龜製麵不是發源於香川縣丸龜市!?

說到香川縣一定會聯想到烏龍麵、瀨戶內海、金刀比羅宮、烏龍麵、高松城、全日本面積最小的縣市、烏龍麵以及烏龍麵吧！沒錯，提起香川縣就不能忘記烏龍麵，甚至連香川縣觀光協會都推出了把香川縣改名為烏龍麵縣的有趣廣告，吸引許多人的目光。

雖然並沒有真的將縣名改成烏龍麵，不過據說要寫信給香川縣的朋友時，住址欄寫著烏龍麵縣也會平安無事地抵達香川縣，香川縣在日本國民心中已經是烏龍麵的形狀了。

連鎖烏龍麵店丸龜製麵在台灣也開了多家分店，雖然店名取了香川縣丸龜市的丸龜一詞，但是發祥地的第一號店鋪其實是在兵庫縣加古川市，實際上丸龜製麵在香川縣丸龜市也沒有設置分店。

明明和香川縣丸龜市沒有關係卻頂著丸龜的名字開烏龍麵店這件事於二〇一九年還曾在社交軟體推特上引起話題，雖然創辦人粟田貴也本人不是香川縣民，可是他的父親出生於香川縣，粟田貴也也有大力支持丸龜城的城牆修復計劃，甚至曾經還因為店名讓丸龜市小有名氣，而擔任過丸龜市的地方觀光大使，其實也並非毫無關係呢。

除了烏龍麵以外，香川縣雖然是全日本面積最小的都道府縣，縣內卻還有東西之分，含高松市的東讚以及包含丸龜市的西讚兩地無論是方言、飲食等習慣都不一樣，有趣的是關於西讚的香川縣民們流傳著一個都市傳說——「搬新家的初次泡澡要吃烏龍麵」！

這個傳說詳細的說法是搬到新家、或是新居落成、浴室翻新後，從家裡最年長的人開始泡澡，一邊泡澡一邊品嚐烏龍麵，據說只要這樣做就可以預防腦中風，還能活得健康又長壽。另外一個都市傳說是香川縣因為是烏龍麵縣，所以打開水龍頭流出來的是烏龍麵的湯汁一說。實際上這個都市傳說在高松機場二樓香川縣各市町觀光特產品展示區中成真了！在機場一隅設置的洗手台，只要轉開水龍頭，就會流出烏龍麵湯汁，一天約提供兩百人份左右，如果有機會前往高松機場，不妨實際體驗看看吧！（二〇二一年此時因疫情關係暫停使用）

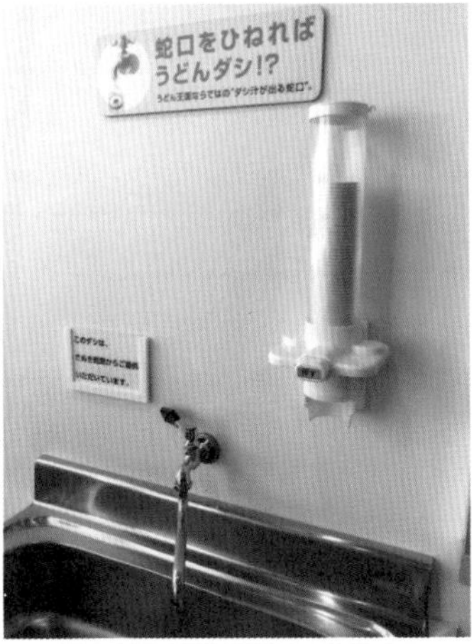

香川縣高松機場內一打開就會流出烏龍麵湯汁的水龍頭。（來源：photoAC）

22

# 全日本只有愛媛縣才有的少年式？

愛媛縣松山機場也有一打開就會流出蜜柑果汁的水龍頭。（來源：photoAC）

以蜜柑聞名的愛媛縣和香川縣水龍頭流出烏龍麵湯汁的都市傳說一樣，愛媛縣的水龍頭也會流出蜜柑果汁。蜜柑果汁水龍頭最一開始是以期間限定的方式設置在愛媛縣松山機場，但是將水龍頭打開就可以流出果汁的都市傳說非常有趣，許多人希望能夠將蜜柑果汁水龍頭變成常設景點，松山機場聽到大家的心願，除了把蜜柑果汁水龍頭設為常駐景點外，愛媛愛顏觀光物產館和知名的道後溫泉旅館道後やや也有設置蜜柑果汁水龍頭，讓一開水龍頭就可以喝到果汁的都市傳說成真。

除外，愛媛縣還有一項特別的儀式——「少年式」，這個儀式傳承自奈良時代開始的成人儀式「元服」，古時候的元服會讓十二歲至十六歲的男性在神明面前改變成成人的服飾和髮型，也會廢掉幼名取新名字；女性元服則會改梳成人的髮髻、將牙齒塗黑、剃掉眉毛等（依照時代不同有不同種方式）。

日本部分地區有些學校也會在國中二、三年級時舉行類似的元服儀式，多數的學校稱這樣的儀式為「立志式」、「立春式」，全日本只有愛媛縣將這個儀式取為「少年式」，根據地區與學校的不同，少年式的舉辦方式也很不一樣。例如有些學校會讓學生進行像是綜藝節目【校園瘋神榜】中站在屋頂上吶喊夢想的環節，或是讓學生分組參加四十公里競走，在漫長的路途中感受夥伴的支持、培養團結合作的能力等等，都是讓學生們留下青春回憶並且讓少年少女們有著邁入下一個里程碑的心態，做好心理準備以迎接接下來的人生。少年式並非平常觀光時可以參與的活動，日本節目【珍奇百景鑑定團】曾潛入愛媛縣的學校採訪拍攝少年式。少年式的舉辦方式非常隆重正式，像畢業典禮一樣，學生和師長、家長聚集在禮堂，接著全體國中二年級的同學共同演唱由學生自己作詞作曲的歌曲，以及各班代表做出一本自傳，在台上向師生們分享自己的成長歷程。活動結束後採訪學生時，學生紛紛表示自己參與成年式後，體認到該收起幼稚的心態，開始對自己的言行舉止負責。

愛媛縣將千年以前的元服儀式，以不同的形式流傳下來，少年式也成為愛媛縣獨特的學校傳統，據說其他縣市不同名稱但相同性質的立志式、立春式等就是源自於愛媛縣的少年式。

23

# 札幌時計台、播磨屋橋、荷蘭坂是日本三大令人失望景點？

札幌時計台。（來源：photoAC）

無論是旅遊網站或觀光指南，總是將各地琳瑯滿目的景點寫得相當吸引人，但實際上去了之後感到失望的場所總是會有幾個。在眾多觀光景點的日本，有著雖然不是正式的統計資料，但是結合了眾多人實際到訪後的感想而產生的「日本三大令人失望觀光景點」。

這些地方非常有名，有名到許多觀光客都聞名而去、失望而歸，分別是北海道的札幌時計台、高知縣的播磨屋橋以及長崎縣的荷蘭坂。

**【北海道 札幌時計台】**札幌時計台的正式名稱是「舊札幌農學校演武場」，這個地點的知名度很高，除

播磨屋橋。（來源：photoAC）

了本身是國家重要文化財以外，也是北海道札幌市設置在區域邊界以歡迎遊客的歡迎標誌上的主要建築物。聽起來相當重要也具有指標性，建築本身也很漂亮，但是因為札幌時計台的周邊高樓四起，使得本來應該顯得更加壯觀的鐘樓看起來好渺小，讓實際到訪的遊客覺得略為失望。

**【高知縣 播磨屋橋（はりまやばし）】**江戶時代，高知的兩大富商為了方便互相來往，設置了播磨屋橋。後來這座橋更廣為人知的緣由是僧侶純信和焊鍋匠的女兒阿馬發展出的悲淒愛情故事，也是土佐名謠《夜來小調》的一段歌詞，應當擺脫世俗戀愛情事的僧侶越過橋樑買了髮髻給愛人，結果被狠狠拆散最後分隔兩地。

實際上現在紅色的播磨屋橋並不是當時的那座橋，經過城市的道路整備、工廠排水造成河川污染而填河等因素，原本的播磨屋橋已不復在，只剩舊欄杆展示在播磨屋橋公園之中。

一九九八年將原本的紅欄杆更新成石橋，雖說是橋，但卻位於沒有河川流經的道路之中。現在朱紅色短短小小的播磨屋橋是後來重現的作品，也難怪透過電影或是歌曲聞名而來的旅客們會覺得圖片與實際不符了。

荷蘭坂。乍看之下沒有其他知名景點壯觀有趣，但也是充滿歷史的地方。（來源：photoAC）

**【長崎縣 荷蘭坂（オランダ坂）】**聽名字就知道和鎖國時代唯一有交易的荷蘭人有關，當時日本人將所有歐美國家的人統稱為荷蘭人，荷蘭人所居住的地區規劃成西式建築，通往這些建築的周遭有一個用石頭鋪成的長坡，因為都是由這些外國人通過居多，所以便稱為荷蘭坂。附近有許多傳統的西式建築——東山手洋風住宅群，也可以看到舊長崎英國領事館和東山手十二番館，荷蘭坂也被列為「日本道路一百選」之中，但是眾多遊客普遍的心得是路程並沒有想像中長、感覺跟回家的路沒兩樣……等理由，也被選入日本三大令人失望景點之中了。

24

# 佐賀縣的三重津海軍所遺跡不是地底人就看不到？

前往名勝景點免不了拍照留念，或是打卡到此一遊放在社交軟體上增加討論度，但是如果眼前的景點只是一片什麼都沒有的草原，就算這塊地曾經有過光輝燦爛的歷史，應該多少會覺得有些提不起勁吧！

佐賀縣佐賀市有一個看不見的世界遺產——三重津海軍所遺跡，顧名思義真的除了草地以外什麼都看不見，但這個世界遺產確實存在，只是埋藏於地底下。

根據佐賀市觀光推廣室網站，要看見這個如同德川家康的寶藏埋藏在地底下的神祕世界遺產有三個方法：「變成具有透視能力的人」、「穿越時空回到明治時代」以及「成為地底人」！

可是一般人別說具有透視能力，原本的視力可能就不太好了，更何況是穿越時空或成為可以生存在地下的人種這些不切實際的幻想。沒關係，佐賀市觀光推廣室幫我們這群沒有特殊能力的普通人類想了更方便的辦法，那就是透過VR眼鏡重現當時的三重津海軍所遺跡，不需要有超越常人的能力，只要戴上VR眼鏡就可以看到設立於一八五八年構築近代日本基礎的造船廠，也有教授航海造船知識及技術練習場地區，第一艘純日本製造的實用蒸汽船「凌風丸」就是從這裡出生的。

其實如此具有歷史意義的地方曾經被挖出來公諸於世展覽過，但考量到遺跡在野外風吹雨打不易保存，後來還是又把它埋回土裡了。

不過現在其實愈來愈多遺跡或文物會在外面多蓋一層遮風擋雨的建築，稱為「覆堂」，讓觀光客可以親眼看到歷經千百年的文物，文物也不會因為天災受損，這項技術不只近代才有，例如位於岩手縣的中尊寺金色堂原本在室町時代中期就有建造一間負責保護這些文化財的覆堂。在宮城縣也有一個奈良時代就存在的日本三大古石碑，在江戶時代時也蓋了覆堂保護石碑。

也許哪一天，佔地廣闊的三重津海軍所遺跡也會蓋好超大的覆堂，再重新挖掘出來讓沒有透視能力的普通人類一睹壯觀的舊船廠也說不定呢。

25

# 鹿兒島有火山灰專用的垃圾袋

鹿兒島市有專屬收火山灰的克灰袋和專門的垃圾場。（來源：photoAC）

在一個新的地方準備久住時，一開始都會擔心該地的倒垃圾習慣會不會不太一樣，日本依照地區不同有不同的規定，大致分成可燃垃圾、不可燃垃圾、資源垃圾和大型垃圾。聽起來並不複雜，可是實際上日本對垃圾分門別類非常講究，倒垃圾的日子也分的很細，例如東京都港區對於報紙、雜誌、瓦楞紙版的丟棄規則，就有必須要綑好後於一週一次的報紙雜誌回收日的早上八點以前放置於對應的場所，超過八點後就不可以回收、前一個晚上也不可以先丟等規定，相當嚴謹。同樣都是紙類，加工過的紙，例如感熱紙、有經過防水加工的紙就不屬於可回收再利用的紙類，而是要分類到可燃垃圾區，如果不小心丟錯垃圾，垃圾不會被收走，而是會被貼上「請把這個垃圾帶回家」的貼紙等著主人回去重新分類，對於新住民而言是需要花時間熟悉的難題。

除了分類很細以外，跟台灣一樣，不同的自治體也需要準備專屬的垃圾袋，有趣的是在鹿兒島縣鹿兒島市有火山灰專屬的垃圾袋——克灰袋。

鹿兒島有一座至今都還相當活躍的活火山櫻島以及霧島火山群，長期下來累積的火山灰多到居民叫苦連天，這些清掉的火山灰到底屬於哪一種分類也叫人摸不著頭緒，於是鹿兒島市就做出了屬於鹿兒島市民專門用來收集火山灰的黃色垃圾袋，免費發放給民眾使用，甚至也有專門丟棄克灰袋的指定垃圾場。

櫻島火山直到二〇二一年四月二十五日都還有大範圍的噴發，除了要小心噴落的石塊，還有可能會嚴重到影響視線及交通狀況的火山灰。專門回收火山灰的克灰袋，也有著要克服火山灰的意思。

不過這些收集起來的火山灰到底去了哪裡呢？除了可以當作建材以外，也有些藝術家會使用火山灰來創作。甚至在鹿兒島縣垂水市還有販賣一罐一百日圓的火山灰，是用「火山灰」和「垂水市民的苦惱」製作而成，是相當有趣的發想呢！

**參考書籍**（有中文版則以中文書名標示）

《江戶的餐桌》歷史之謎探討會 著

《知っておきたい「食」の日本史》宮崎正勝 著

《大江戸の飯と酒と女》安藤優一郎 著

《一日江戶人》杉浦日向子 著

《江戶那些事》山田順子 著

《値段史年表 明治 大正 昭和》週刊朝日 編輯

《日本生活歲時曆》本間美加子 著

《時局農村の副業と工業》農林省副業課 編

《日本書紀》中公文庫 出版

《知れば知るほど面白い　日本の「しきたり」》博学面白俱樂部 著

《日本人の名字と家紋》森岡浩 高澤等 監修

《圖說 日本刀大全》稲田和彥 監修

《拳会角力図会》義浪、吾雀 等人著

《お江戸の意外な商売事情》中江克己 著

《江戸の刑罰 拷問大全》大久保治男

《裸體日本：混浴、窺看、性意識，一段被極力遮掩的日本近代史》中野明 著

《遠野物語》佐佐木喜善 著

《少年，你對群馬一無所知》井田博人 著（漫畫）

**參考網站**

國立國會圖書館 https://www.ndl.go.jp/jp/use/reproduction/index.html

Japan Search https://jpsearch.go.jp/

日本天氣協會網站：tenki.jp

總務省統計局 https://www.stat.go.jp/

くにとりサーチ https://kunitori-jp.net/

江戸 通貨の円換算 https://keisan.casio.jp/exec/system/1315358989

昭 和 の 物 価 http://dankaisedai.co-suite.jp/memory/prices_showa/inrex.html

山口縣廳特集「妄想オーストラリアの旅」 https://www.pref.yamaguchi.lg.jp/gyosei/koho/portal/tokushu/australia01.html

三重津海軍所跡 官網 https://mietsu-sekaiisan.jp/

J Town 研究所 http://j-town.net

だてラボ https://datelabo.com/

森永製菓 https://www.morinaga.co.jp/

すき家 https://www.sukiya.jp/

日光鱒鮨本舗株式会社 http://www.masuzushi.com/maizou/maizou15.html

東京都環境局 https://www.kankyo.metro.tokyo.lg.jp/

サンメッセ日南 http://www.sun-messe.co.jp/story

出雲大社 https://izumooyashiro.or.jp/

淡嶋神社 http://www.kada.jp/awashima/

学校ナビ http://gakkounavi.com/

日本奇妙知識不思議

為什麼餐廳都提供客人冰水但壽司店會給熱茶？
平安時代的女性一年只洗一次頭!?
超有梗的日本潛規則與豆知識百選


| | |
|---|---|
| 書名 | 日本奇妙知識不思議：<br>為什麼餐廳都提供客人冰水但壽司店會給熱茶？<br>平安時代的女性一年只洗一次頭!?<br>超有梗的日本潛規則與豆知識百選 |
| 作者 | 梅用知世 |
| 責任編輯 | 張芝瑜 |
| 書封設計 | 許晉維 |
| 內頁設計 | 郭家振 |
| 行銷企劃 | 謝宜瑾 |
| 發行人 | 何飛鵬 |
| 事業群總經理 | 李淑霞 |
| 副社長 | 林佳育 |
| 主編 | 葉承享 |
| 出版 | 城邦文化事業股份有限公司 麥浩斯出版 |
| E-mail | cs@myhomelife.com.tw |
| 地址 | 104 台北市中山區民生東路二段 141 號 6 樓 |
| 電話 | 02-2500-7578 |
| 發行 | 英屬蓋曼群島商家庭傳媒股份有限公司城邦分公司 |
| 地址 | 104 台北市中山區民生東路二段 141 號 6 樓 |
| 讀者服務專線 | 0800-020-299（09:30 ～ 12:00; 13:30 ～ 17:00） |
| 讀者服務傳真 | 02-2517-0999 |
| 讀者服務信箱 | Email: csc@cite.com.tw |
| 劃撥帳號 | 1983-3516 |
| 劃撥戶名 | 英屬蓋曼群島商家庭傳媒股份有限公司城邦分公司 |
| 香港發行 | 城邦（香港）出版集團有限公司 |
| 地址 | 香港灣仔駱克道 193 號東超商業中心 1 樓 |
| 電話 | 852-2508-6231 |
| 傳真 | 852-2578-9337 |
| 馬新發行 | 城邦（馬新）出版集團 Cite（M）Sdn. Bhd. |
| 地址 | 41, Jalan Radin Anum, Bandar Baru Sri Petaling, 57000 Kuala Lumpur, Malaysia. |
| 電話 | 603-90578822 |
| 傳真 | 603-90576622 |
| 總經銷 | 聯合發行股份有限公司 |
| 電話 | 02-29178022 |
| 傳真 | 02-29156275 |
| 製版印刷 | 凱林印刷傳媒股份有限公司 |
| 定價 | 新台幣 380 元／港幣 127 元 |
| ＩＳＢＮ | 978-986-408-741-9 |

2024 年 2 月 1 版 8 刷 · Printed In Taiwan



國家圖書館出版品預行編目（CIP）資料

日本奇妙知識不思議：為什麼餐廳都提供客人冰水但壽司店會給熱茶？平安時代的女性一年只洗一次頭!? 超有梗的日本潛規則與豆知識百選 / 梅用知世著. -- 初版. -- 臺北市：城邦文化事業股份有限公司麥浩斯出版：英屬蓋曼群島商家庭傳媒股份有限公司城邦分公司發行, 2021.09

面；　公分

ISBN 978-986-408-741-9(平裝)

1. 風俗 2. 文化 3. 日本

538.831　　110014811